日本の教育を捉える

―― 現状と展望

望月重信・播本秀史
岡明秀忠・石井久雄／編著

学文社

執 筆 者

＊岡明秀忠　明治学院大学文学部教授（序章，第6章，第9章，資料）
＊播本秀史　明治学院大学文学部教授（第1章，第2章）
　世良正浩　明治学院大学文学部教授（第3章）
＊望月重信　明治学院大学名誉教授（第4章）
　遠藤宏美　宮崎大学教育学部准教授（第5章）
　深谷野亜　松蔭大学コミュニケーション文化学部准教授（第7章）
＊石井久雄　明治学院大学文学部教授（第8章，第14章，資料）
　山口晶子　明治学院大学非常勤講師（第10章）
　渡辺　恵　杏林大学保健学部講師（第11章）
　桜井淳平　筑波大学人間系特任研究員，明治学院大学非常勤講師（第12章）
　浅香怜子　明治学院大学文学部教職課程教学補佐（第13章）
　麻野英夫　明治学院大学教職キャリアアドバイザー（第14章）

（執筆順，＊は編著者）

はじめに

　本書は，教員志望の学生に是非考えてもらいたい教育に関する内容を中心に構成した．ただし，教員志望の学生だけを視野に入れているのではない．教育に関する内容に関心をもつ人にも十分資するような構成にしたと編者たちは自負している．

　構成を考える際に，① 複数の視点で構成することと，② 専門性と具体性をもたせること，③ 各章，同じページ数にすること，に配慮した．

① 複数の視点で構成すること

　複数の執筆者にお願いすることにより，教育に関する内容をさまざまな視点から考えることができるようなものにした．内容についても，「現場からの発想」を大事にするという観点から，編者たちはあえて手を加えていない．編者たちが指定したのは，章名と取り上げてほしい項目例のみである．

　本書は，ひとりの執筆者で全部書き切っているわけではないし，編者たちが手を加えていないので，若干，一貫性に欠ける部分がある．しかし，それぞれの章は，その分野で活躍している執筆者にお願いをしたので，読み応えのあるすばらしいものになったと自負している．

② 専門性と具体性をもたせること

　大学で，とりわけ教職課程で教員養成を行っている研究者・教育者に執筆をお願いした．

　書き方については，紀要や学会誌などの学術専門誌で書くようなスタイルではなく，学生にとって手に取りやすく，中身もわかりやすく，書かれていることをすぐに実践できるようなスタイルを執筆者にお願いした．

　とはいえ，学生にとって十分読みやすいものとなったかどうかは，実際に学

生に使ってもらってみて，学生の感想（良い点・悪い点）などを集めないとわからない．もし本書を改訂する機会に恵まれたならば，学生から受けた指摘を受け止め，改訂版が上梓できればと思っている．

③ 各章，同じページにすること

　本書の内容構成に関し，編者たちで検討を重ねた．編者たちは，2010 年に学文社から『日本の教育を考える』を上梓し，第 3 版を重ねた．まずは，編者たちで，『日本の教育を考える』をどう取り扱うのかについて議論した．『日本の教育を考える』を基礎に，さらにもっといいものに作り上げることにした．

　『日本の教育を考える』第 3 版のメンバーからさらに 3 名増やし，執筆者の専門を加味しながら，内容の構成を検討した．最終的に，「教育（哲学）」「学校制度」「教育法制」「学習指導要領」「学校」「教師」「子ども」「生徒指導」「授業」「教育機器」「家庭・地域との関係」「学校の安全」「異文化理解」「教職の学び」の 14 の内容に絞った．

　章名は疑問形にし，「〜をどう捉えるか」という表現にした．こうすることで，執筆者がその疑問に真摯に答えるような形にした．執筆者は，自ら節名・項名を考え，最終的に文章をまとめた．執筆者が自分なりにその疑問に答えようと悪戦苦闘した姿が原稿に現れている．中身をじっくり読んで，その姿を想像していただければ幸いである．

　『日本の教育を考える』で版を重ねるごとに得た経験値をもとに，必要なページ数を検討し，各章 12 ページで統一することにし，執筆者にお願いした．

　最後に，出版事情のかなり厳しい折，本書の刊行をお引き受けいただいた学文社の社長・田中千津子氏に，厚く御礼申し上げます．

2019 年 2 月

編　者

目　次

はじめに　i

序　章　現代の教育問題をどう捉えるか ……………………………………… 1
　1. 現代社会とはどのようなものか　1
　　（1）便利になった現代社会　1／（2）問題をかかえこむ現代社会　2
　2. 現代の教育問題とはどのようなものか　2
　　（1）戦後教育改革の流れから垣間みられる教育に関する問題　2／（2）中央教育審議会答申から垣間みられる教育に関する問題　5／（3）新旧の教職課程から垣間見られる教育に関する問題　5
　3. 現代の教育問題をどのように解決すべきなのか　8

第1章　教育をどう捉えるか ……………………………………………………… 11
　1. 教育とは何か　11
　2. 集団と自己の自己保存としての教育　12
　3. 個の形成としての教育　13
　　（1）集団を相対化するものとしての教育　15／（2）個を相対化する教育　18
　4. 公教育のはじまり　19
　　（1）近代公教育のはじまり　19／（2）日本の近代公教育　20

第2章　学校制度をどう捉えるか ………………………………………………… 23
　1. 教育の世俗化と制度化（政治・宗教・教育の関係）　23
　2. 教育の制度化（政治と教育）　24
　3. 教育の世俗化　25
　4. 戦前の教育（明治・大正・昭和の教育思想）　26
　　（1）明治の教育思想　26／（2）大正の教育思想　27／（3）昭和（戦前）の教育思想　30
　5. 戦後の教育（新教育，教育制度，審議会）　31

第 3 章　教育法制をどう捉えるか
　　　　　―教育の目的・目標規定の分析― ……………………………… 35
　　1．教育基本法改正への軌跡　35
　　2．教育基本法の構成　36
　　3．教育基本法における教育の目的・目標　37
　　4．2007 年改正学校教育法における教育の目的・目標　41
　　5．教育基本法の教育目的・目標と学習指導要領改訂　43

第 4 章　学習指導要領をどう捉えるか ………………………………………… 47
　　問題の視点　47
　　1．子ども（児童・生徒）があくまでも主体であるということ　47
　　2．学習指導要領の一般的定義と構造的読み解き　47
　　　（1）一定の教育水準の確保　48 ／（2）教育の機会均等等の保障について　48
　　3．学習指導要領の法的根拠　49
　　4．学習指導要領の変遷史から何を学ぶか　50
　　5．新学習指導要領をどう捉えるか（2017 年 3 月告示）　54
　　6．今後の課題と展望　56

第 5 章　学校をどう捉えるか ……………………………………………………… 59
　　1．学校を特徴づける「時間」,「空間」,「人間関係」　59
　　　（1）学校の「時間」　59 ／（2）学校をめぐる「空間」　60 ／（3）学校における「人間関係」　61
　　2．現代の学校改革の動き　62
　　　（1）教育の規制緩和　62 ／（2）学校制度体系の問い直し　63
　　3．学校の「時間」,「空間」の問い直し　65
　　　（1）学校の「時間」の改革　65 ／（2）学校の「空間」の改革　66
　　4．「学校」という場で学習することの問い直し　67
　　5．あらためて，今，「学校」を捉えなおす　69

第 6 章　教師をどう捉えるか ……………………………………………………… 71
　　1．教師とは何か　71

(1) 教師という用語　71 ／ (2) 教師の地位　71
　2. 教師に期待されていることは何か　73
　　(1) イメージとしての教師像　73 ／ (2) さまざまな教師像　73
　3. 教師の一日はどのようなものか　74
　4. より良い教員の確保をどうするのか　76
　　(1) 教員養成の過去と現在　76 ／ (2) 教員採用の過去と現在　77 ／
　　(3) 教員研修の過去と現在　78

第7章　子どもをどう捉えるか ·· 85
　1. 子どもを理解する　85
　2. 情報化社会の中で育つ子どもたち
　　　──子どもと大人の境界線の揺らぎ──　87
　3. ファンタジーなき時代の子どもたち　91
　4. 子どもの居場所──大人社会の中で育つ子どもたち──　92
　5. 大人社会の約束──子どもの権利条約──　95

第8章　生徒指導をどう捉えるか ──いじめ問題の実態と分析── ··················· 97
　1. いじめの実態　97
　　(1) 学年別にみた「いじめの認知件数」　97 ／ (2) 校種別にみた「いじめの態様」
　　98 ／ (3) 校種別にみた「いじめ発見のきっかけ」　99 ／ (4) 校種別にみ
　　た「いじめの現在の状況」　100 ／ (5)「いじめの認知（発生）件数」の推
　　移　100 ／ (6) いじめ問題への対策　101
　2. 「いじめを捉える」とは　102
　　(1) 10年前との比較から　102 ／ (2)「いじめの認知（発生）件数の推移」
　　の背景　103
　3. 「いじめ」への分析視角──「いじめの4層構造」を中心に──　104
　4. いじめと生徒指導　105

第9章　授業をどう捉えるか ··· 109
　1. 授業とは何か　109
　　(1) 一方通行の授業から双方向の授業へ　109 ／ (2) 授業作りの流れ　109
　2. 授業の準備・実行　110

(1) 生徒の状況の把握　110／(2) 学習目標・内容・方法の検討　110／(3) 板書・資料の作成　116／(4) 授業の実施　116
3. 授業の反省・改善　117

第10章　教育機器をどう捉えるか　121

1. 教育の情報化　122
   (1) 子どもたちに求められる力　122／(2) 教育の情報化が果たす役割　123／(3) 新学習指導要領における教育の情報化　124
2. ICT機器の活用　124
   (1) 電子黒板　124／(2) 学習者用タブレットPCとデジタル教科書　125
3. ICTの整備と活用　127
   (1) ICT環境の整備　127／(2) 今後の目標水準　128／(3) ICT機器を活用した教育　130
4. 課題と展望　130

第11章　家庭，地域との関係をどう捉えるか　135

1. 子どもが抱える問題の多様化・複雑化　135
2. 家庭との連携の行方　136
   (1) 信頼は普段の関わりから　137／(2) 教師と保護者のズレ　138／(3) 連携を支える学校環境づくり　139
3. 制度化する地域との関係　140
   (1) 学校支援から地域学校協働へ　141／(2) 学校運営におけるパートナーシップ　143

第12章　学校の安全をどう捉えるか　147

1. 学校安全の歴史：その芽生え，社会問題化，法制化　147
2. 多種多様な学校安全の活動　148
   (1) 安全教育と安全管理の具体例　148／(2) 危機管理：危険が迫り，被害が起きたとき　150
3. 学校安全を困難にさせるもの　152
4. 学校安全のこれから：3つの重要な方向性　155
   (1)エビデンス・ベイスト　155／(2)学校内外のさまざまな人びととの連携・

協働と「開かれた学校づくり」　156／（3）学校安全の主体としての子ども　157

第13章　異文化理解をどう捉えるか
　　　　――教室の国際化と外国につながる子ども―― ……………………………… 161
　1．空っぽのお弁当箱　161
　2．教室の「国際化」　163
　　（1）概　観　163／（2）取り組み　166
　3．「外国につながる子ども」と異文化理解　168
　　（1）言　語　169／（2）食　事　169／（3）宿　題　170／（4）宗　教　170
　4．一人ひとりに応じた指導・支援を　171

第14章　教職の学びをどう捉えるか ……………………………………………… 175
　1．教師のイメージ　175
　2．教師生活の実際　176
　　（1）嬉しかったこと　176／（2）辛かったこと　178
　3．教師にとって大切なこと　179
　　（1）信頼される教師　179／（2）チーム学校の一員　179
　4．教師をめざすあなたへ　180
　　（1）日記を書き，議論する　180／（2）友人と自己理解　180／（3）現場に扉あり　181／（4）教育は人なり　181
　5．教師とは　182

資　料　183
索　引　197

序章　現代の教育問題をどう捉えるか

1．現代社会とはどのようなものか
(1) 便利になった現代社会
　筆者が学生時代であった1980年代半ばから比べると，現在は大きく変化している．幾つかの事例をもとに振り返る．
1) 携帯電話
　1980年代には，公衆電話が街中にかなり普及していた．多くの家には固定電話があった．しかし，今では，街中の公衆電話はちらほらで，固定電話をもたない家も増えてきた．これは，多くの人の通信手段が固定電話から，携帯電話に取って代わられたからである．
2) インターネット
　1980年代までの情報獲得手段は，書籍が基本であった．学生は，図書館に行き，必要な書籍を索引コーナーで探し，開架図書にあれば実際に読み，必要であれば借りていた．閉架図書や他の図書館の書籍であれば，図書館の係の人に取り寄せてもらっていた．しかし，今では，インターネットを使えば，人の手を直接介さずに，全世界の膨大なデータに昼夜を問わず瞬時にアクセスできるようになった．さらに，USBメモリーなどの保存用の媒体をもっていれば，インターネット上のデータを簡単に大量に取り込むことができるようになった．また，読み書き可能なソフトをもっていれば，それらのデータを適宜改変できるようになった．さらに便利な点は，電子メールを使うと，相手の在宅の有無を問わず連絡ができたり，HP上の掲示板，チャットルーム，LINE，facebook，Twitterなどを使えば，同じ場所にいない多人数でも会話ができるようになった．

(2) 問題をかかえこむ現代社会

便利さの反面，現代社会は，さまざまな問題を抱え込んでいる．

1) 携帯電話の問題

先に取り上げた携帯電話も，この20年で一気に私たちの生活に入ってきた．しかし，誰もその携帯電話の使い方を教えてくれなかった．それで，20年前は其処彼処でいざこざが起こっていた[1]．とりわけ，電車の中で，大きな声で電話をする人が続出した．ところが今では，電車の中で電話をしている人は皆無になった．電車の中は電話するところではないというのが徐々に身についてきた．とはいえ，皆が携帯電話を使用していないかというと，そうではない．電話をするのは野暮で，メールは大丈夫というのが現状である．

2) インターネットの問題

インターネットなどの場合は，さらに厄介なことになっている．匿名性と情報流出の問題がある．匿名性の問題に関しては，掲示板などに罵詈雑言などを書かれても，書いた本人が名前を明らかにしないので，誰かわからないといったものがある．また，USBメモリーなどの媒体を紛失し，悪意のある人に拾われ，インターネット上に大量の情報が流出するといった事件も起きている．一度流出した情報は，削除・回収することができない．

現代社会は，便利なものが続々と生まれる変化の激しい社会である．便利さは危険と隣り合わせである．この危険を意識しつつ，変化を受け入れなければならない．受け入れには時間がかかる．私たちは，こんな社会に住んでいる．

2. 現代の教育問題とはどのようなものか

現代社会の中で，教育に関し，どのような問題があるのか．3つの資料をもとに検討する．「戦後教育改革の流れ」[2]，「2006年中央教育審議会答申」[3]，「新旧の教職課程」[4]である．

(1) 戦後教育改革の流れから垣間みられる教育に関する問題

戦後教育改革の流れでは，日本の戦後教育を，教育改革という視点で5つの時期に

分けている．5つの時期名（期間），主な審議会，進学率を示したものが表序-1である．
　さらに改革の背景と施策が記されている．流れをよりわかりやすくするために，背景を政治経済の領域と，教育の領域に分けたのが，表序-2である．
　1980年代以前を概観すると，学校制度をどうするか，教育内容をどうするか，といった視点からの施策が多い．しかし，1980年代を境に，施策が多様化し始めてきている．①個性を重視するにはどうするか，②生涯学習を進めるにはどうするか，③国際化・情報化を進めるにはどうするか，④学校現場の自主性を尊重するにはどうするか，⑤家庭教育を支援するにはどうするか，といった視点の下，施策が行われてきている．これは，1970年代頃には従来の施策では対応しきれなくなり，1980年代に問題への対処が必要になってきたと考えられる．1970年代は，知識詰め込み型教育が問題になっていた．そのような

表序-1　戦後教育改革の流れ（時期名，審議会，進学率）

	時期名（期間）・主な審議会		進学率
1	戦後教育の再建	教育刷新委員会の提言に基づく戦後教育制度の構築（概ね1945-52年）　8年間	
2	経済社会の発展に対応した教育改革	教育の量的拡大等に対応した制度（概ね1952-71年）　20年間	1955年　進学率 高校　52% 短大・大学　10%
3	安定成長下の教育改革	安定成長下の教育の質的改善（概ね1971-84年）　14年間	1975年　進学率 高校　92% 短大・大学　38%
4	臨時教育審議会以降の教育改革（臨教審：1984-87年設置）	個性重視，生涯学習体系への移行，変化への対応（概ね1984-2000年）　17年間	
	1996-97年　中央教育審議会「21世紀を展望した我が国の教育の在り方について」（第1次，第2次答申）		
	1998年　　　中央教育審議会「新しい時代を拓く心を育てるために」「今後の地方教育行政の在り方について」（答申）		
5	教育改革国民会議以降の教育改革	新しい時代にふさわしい教育，豊かな人間性の育成（概ね2000年-現在）　10年間	2002年　進学率 高校　97% 短大・大学　49%
	2003年　中央教育審議会「新しい時代にふさわしい教育基本法と教育振興基本計画の在り方について」（答申）		

表序-2 戦後教育改革の流れ（背景，主な施策）

時期	背景 政治経済	背景 教育	主な施策
1	占領下	教育の民主化	日本国憲法，教育基本法，学校教育法，6・3・3・4制，義務教育の年限延長と無償制度，教員委員会
2	産業経済の発展 人材需要の増大 所得水準の向上	教育に対する国民の熱意	学習指導要領の改訂，系統重視，教育の現代化，高等専門学校
3	経済の安定成長	知識詰め込み型の教育の弊害 児童生徒の問題行動 受験戦争の激化	〈初等中等教育〉人確法，主任制，学習指導要領の改訂，ゆとりと充実，40人学級 〈高等教育〉新構想大学，共通一次試験，放送大学，専修学校
4	産業構造の変化 国際化・情報化	知識詰め込み型教育の弊害 受験戦争の低年齢化 小中学校のいじめ，不登校の頻発 都市化・核家族化を背景とした家庭の教育力の低下	〈個性重視〉学習指導要領の改訂，新しい学力観，自己教育力，センター試験（アラカルト方式），大学設置基準，中等教育学校，飛び級 〈生涯学習体系〉単位制高校，夜間大学院・通信制大学院，学位授与機構，放送大学の全国化 〈国際化，情報化への対応〉留学生10万人受け入れ計画，JETプログラム，PC・インターネットの整備 〈地方分権・現場の自主性の尊重〉教育長の任命，校長の任用資格，学校評議員 〈家庭教育に対する支援〉家庭教育手帳，家庭教育ノート，子育て支援ネットワーク
5	冷戦構造の崩壊 経済社会のグローバル化	いじめ，不登校，学級崩壊，凶悪な青少年犯罪の続発 行き過ぎた平等主義による教育の画一化 時代の流れに取り残されつつある教育システム 公立学校・公教育への不振 大所高所にたった教育論の欠如	〈教育改革国民会議〉2000年12月 人間性豊かな日本人の育成，一人ひとりの才能を伸ばし創造性に富む人間の育成，新しい時代に新しい学校づくり，教育振興基本計画と教育基本法 〈21世紀教育新生プラン〉2001年1月 確かな学力と豊かな心の育成，少人数授業・習熟度別指導の推進，心のノート作成配布，楽しく安心できる学習環境の整備，信頼される学校づくり，学校の自己評価システムの確立，奉仕活動・体験活動の推進，世界水準の大学づくりの推進，国立大学の法人化 〈人間力戦略ビジョン〉2002年 〈義務教育の改革案〉2004年8月 義務教育制度の弾力化，教員養成の大幅改革，学校・教育委員会の改革，国による義務教育保障機能の明確化 〈甦れ，日本！〉2004年11月 教育基本法の改正，学力向上，教員の質の向上，現場主義，義務教育費国庫負担制度の改革

教育に反発するように，中学校などでは生徒による校内暴力が頻発し，マスメディアを賑わしていた．生涯学習，国際化・情報化，学校現場の自主性，家庭教育の支援なども，この 1980 年代に解決が必要となってきたのである．

(2) 中央教育審議会答申から垣間みられる教育に関する問題

2000 年代にはいってからは，教員養成・免許制度に関してどうするかといった視点からの施策が行われてきている．

このことについては，中央教育審議会（以下，中教審）答申をもとに検討する．中教審答申は，文部科学大臣から諮問を受けた有識者が議論を行い，最終的に文書にまとめたものである．そこには，有識者の考える教育に関する問題が浮き彫りにされている．彼らは，どのような問題を見出したのか．

有識者は，大多数の教員のこれまでの働きや姿勢についてとても高い評価をしている．しかし，教員をめぐる状況が，大きく変化し，教員の資質能力が問い直されている時代であると捉えている．教員をめぐる状況の変化には，さまざまな要因がある．表序-3 は，2006 年中教審答申をもとに，筆者がまとめたものである．答申をわかりやすくするために，問題・課題等，対策に分けた．

有識者は，6 つの問題・課題（①大規模かつ急激な社会構造の変動，②家庭や地域社会の教育力の低下，③学校教育における課題の複雑・多様化，④指導力不足教員の増加，⑤教員のストレスと同僚性の希薄化，⑥教員の年齢構成の歪さ）を明示し，その対応を答申に盛り込んだ．

(3) 新旧の教職課程から垣間見られる教育に関する問題

教員養成を行っている大学は，文部科学省にプログラムを申請し，課程認定を受けてきた（開放制教師教育）．2019 年度から，教職課程は新課程となる．

表序-4 は，新旧の教職課程を載せたものである．2019 年度からの教職課程と，2018 年度までの教職課程を比較すると，違いが一目瞭然である．

①教科及び教科の指導法に関する科目

「各教科の指導法」で，情報機器及び教材の活用を含むことが示されている．

表序-3　2006年中央教育審議会答申

要因	問題・課題等	対策
①社会構造の急激な変化への対応	●大規模かつ急激な社会構造の変動	＊高度な専門的知識・技能の習得と更新 ＊教員に求められる資質能力の維持・向上への取り組み
②学校や教員に対する期待の高まり	●家庭や地域社会の教育力の低下 ・学校や教員への過度の期待	＊社会全体として子どもを支える取り組み ＊家庭や地域社会の意向を踏まえた職務の遂行
③学校教育における課題の複雑・多様化と新たな研究の進展	●学校教育における課題の複雑・多様化 ・学ぶ意欲や学力・気力・体力の低下 ・実体験の減少に伴う社会性やコミュニケーション能力の不足 ・いじめや不登校，校内暴力の問題 ・仮想現実やインターネット世界の問題 ・LD，ADHD，高機能自閉症の子どもへの適切な支援 ・学校の自己評価	＊子どもや教育に関する新たな研究の進展 ＊保護者や地域社会との信頼関係の構築　学校運営に参画する仕組みの整備 ＊開かれた学校づくりに向けた学校の説明責任
④教員に対する信頼の揺らぎ	●指導力不足教員の増加 ・子どもに関する理解の不足 ・教職に対する情熱や使命感の低下 ・教員による不祥事	
⑤教員の多忙化と同僚性の希薄化	●教員のストレス ・社会の変化への対応 ・保護者からの期待の高まり ●同僚性の希薄化 ・学校は一つの組織体であるという認識の希薄 ・他の教員を指導する機能の低下	＊教員間の学び合い，支え合い，協働の見直し
⑥退職者の増加に伴う量及び質の確保	●教員の年齢構成の歪さ	＊量・質の両面から，優れた教員の養成・確保

②教育の基礎的理解に関する科目

「特別の支援を必要とする幼児，児童及び生徒に対する理解」に関する教職科目が新たに必要とされている．「教育の意義及び教員の役割・職務内容」で，チーム学校への対応を含むことが，「教育に関する社会的，制度的又は経営的事項」で，学校と地域の連携及び学校安全への対応を含むことが示されている．

表序-4　新旧の教職課程

2018年度までの教職課程（中学校）

区分	科目	各科目に含めることが必要な事項
教科に関する科目		
教職に関する科目	教職の意義等に関する科目	教育の意義及び教員の役割
		教員の職務内容（研修，含む及び身分保障等を含む）
		進路選択に関する各種の機会の提供など
	教育の基礎理論に関する科目	教育の理念並びに教育に関する歴史及び思想
		教育に関する社会的，制度的又は経営的事項
		幼児，児童及び生徒の心身の発達及び学習の過程（障害のある幼児，児童及び生徒の心身の発達及び学習の過程を含む）
	教育課程及び指導法に関する科目	教育課程の意義及び編成の方法
		道徳の指導法（2単位）
		特別活動の指導法
		各教科の指導法
		教育の方法及び技術（情報機器及び教材の活用を含む．）
	生徒指導，教育相談及び進路指導等に関する科目	生徒指導の理論及び方法
		教育相談（カウンセリングに関する基礎的な知識を含む．）の理論及び方法
		進路指導の理論及び方法
	教育実習	
	教職実践演習	
教科又は教職に関する科目		

2019年度からの教職課程

科目	各科目に含めることが必要な事項
教科及び教科の指導法に関する科目	イ　教科に関する専門的事項
	ロ　各教科の指導法（情報機器及び教材の活用を含む．）（一定の単位数以上を修得すること）
教育の基礎的理解に関する科目	ロ　教育の意義及び教員の役割・職務内容（チーム学校への対応を含む．）
	イ　教育の理念並びに教育に関する歴史及び思想
	ハ　教育に関する社会的，制度的又は経営的事項（学校と地域の連携及び学校安全への対応を含む．）
	ニ　幼児，児童及び生徒の心身の発達及び学習の過程
	ホ　特別の支援を必要とする幼児，児童及び生徒に対する理解（1単位以上修得）
	ヘ　教育課程の意義及び編成の方法（カリキュラム・マネージメントを含む．）
道徳，総合的な学習の時間等の指導法及び生徒指導，教育相談に関する科目	イ　道徳の理論及び指導法（2単位）
	ロ　総合的な学習の時間の指導法
	ハ　特別活動の指導法
	ニ　教育の方法及び技術（情報機器及び教材の活用を含む．）
	ホ　生徒指導の理論及び方法
	ヘ　教育相談（カウンセリングに関する基礎的な知識を含む．）の理論及び方法
	ト　進路指導（キャリア教育に関する基礎的な事項を含む．）の理論及び方法
教育実践に関する科目	イ　教育実習（学校インターンシップを1単位まで含むことができる．）（5単位）
	ロ　教職実践演習（2単位）
大学が独自に設定する科目	

③道徳，総合的な学習の時間等の指導法及び生徒指導，教育相談等に関する科目

　「総合的な学習の時間の指導法」に関する教職科目が新たに必要とされている．「道徳の指導法」が「道徳の理論及び指導法」に変更され，理論が含まれることが示されている．「進路指導の理論及び方法」で，理論の部分で，キャリア教育に関する基礎的な事項を含むことが示されている．

3. 現代の教育問題をどのように解決すべきなのか

　現代社会は，便利なものが続々と生まれ，刻々と変化している．そこで起きる問題は容易には解決しない．では，何もしないのか．何もしなければ，何も解決はしない．解決のための見取り図を作成することが重要である．見取り図を作成すれば，先を見通すこともできる．その際に，いろいろなことを吟味せざるを得なくなる．その中で，最善のものを選んでいく．そうすれば，たとえ間違っても最悪のシナリオを選ぶことは少ないであろう．この見取り図は，現代社会が常に変化しているので，常に修正しなければならない．

　先に取り上げた3つの資料，「戦後教育改革の流れ」，「2006年中央教育審議会答申」「新旧の教職課程」における教育問題と，本書の構成との関連を示したものが，表序-5である．表序-5から，私たちの考える教育問題が，一般的

表序-5　本書の構成と3つの資料との関連

本書の構成	戦後教育改革の流れ					2006年中教審答申						新旧の教職課程						
	1	2	3	4	5	①	②	③	④	⑤	⑥	a	b	c	d	e	f	g
第1章　教育をどう捉えるか					☆													■
第2章　学校制度をどう捉えるか		☆	☆	☆														
第3章　教育法制をどう捉えるか						●												
第4章　学習指導要領をどう捉えるか						●										■		
第5章　学校をどう捉えるか		☆		☆			●	●				■	■					
第6章　教師をどう捉えるか									●	●	●							
第7章　子どもをどう捉えるか			☆				●	●										
第8章　生徒指導をどう捉えるか	☆						●	●										
第9章　授業をどう捉えるか									●									
第10章　教育機器をどう捉えるか						●		●									■	
第11章　家庭，地域との関係をどう捉えるか							●	●					■	■				
第12章　学校の安全をどう捉えるか							●	●				■	■					
第13章　異文化理解をどう捉えるか							●	●								■		
第14章　教職の学びをどう捉えるか									●									

〈「戦後教育改革の流れ」における5つの課題〉
 1 いじめ，不登校，学級崩壊，凶悪な青少年犯罪の続発
 2 行き過ぎた平等主義による教育の画一化
 3 時代の流れに取り残されつつある教育システム
 4 公立学校・公教育への不振
 5 大所高所にたった教育論の欠如
〈「2006年中教審答申」における6つの課題〉
 ① 大規模かつ急激な社会構造の変動
 ② 家庭や地域社会の教育力の低下
 ③ 学校教育における課題の複雑・多様化
 ④ 指導力不足教員の増加
 ⑤ 教員のストレスと同僚性の希薄化
 ⑥ 教員の年齢構成の歪さ
〈「新旧の教職課程」における7つの課題〉
 a チーム学校への対応
 b 学校と地域の連携及び学校安全への対応
 c キャリア教育に関する基礎的な事項
 d 特別の支援を必要とする生徒に対する理解
 e 総合的な学習の時間の指導法
 f 情報機器及び教材の活用
 g 道徳の理論及び指導法

な教育問題であることがわかる．

本書の〈はじめに〉で示したように，これから残り14章で，複数の執筆者が，現代の教育問題に関し，自らの考えを明らかにする．読者の皆さんにはいろいろと考えてもらいたい．

注)
1) 学校現場でも多少の混乱があった．現在，小中学校においては，原則禁止すべき方向になっている．文部科学省「児童生徒が利用する携帯電話等をめぐる問題への取組の徹底について（通知）」2008（平成20）年7月25日．「学校における携帯電話の取扱い等について（通知）」2009（平成21）年1月30日．
2) 戦後教育改革の流れは，http://www.mext.go.jp/b_menu/kihon/data/d002.pdf から作成．（2018年12月11日アクセス）
3) 中央教育審議会「今後の教員養成・免許制度の在り方について」(答申) 2006(平成18)年7月11日
4) 文部科学省「教育職員免許法・同施行規則の改正及び教職課程コアカリキュラムについて」2017年7月24日

第1章　教育をどう捉えるか

1．教育とは何か

　人間が人間として生きてゆくために，教育は欠かすことのできないものである．カント（Immanuel Kant, 1724～1804）は，「人間は教育されなければならない唯一の被造物である」[1]といっている．人は教育によってはじめて人間になるのだ．

　生物学的にいって，すべての人間はいわば未熟児のままで生まれてくる．他の動物，たとえば，馬や牛は生まれて数時間で自分の足で立つことができる．これからすると，人間はもう1年くらいは母親の胎内でいてもよかった．ポルトマン（Adolf Portmann, 1897～1982）いうところの「生理的早産」[2]である．ここに人間の大きな特徴がある．生まれてほとんどすぐに歩くことができる馬は，馬以外の在り方はできない．馬は馬である．いわば本能的にプログラミングされた生を生きる．ところが，人間は人間以外のものにもなりうる．インドで発見された，アマラとカマラを見てもわかるであろう．「人間は狼にもなりうる」[3]のだ．

　社会学的にいって，人間は集団で生きている．最小の集団は家族である．子どもは1歳くらいまでは，哺乳と排泄と睡眠が主眼となる．ただ，この時期の母と子の触れ合いが教育のうえで大きな意味をもつ．まだ，ことばは発することはできないが，泣くことや笑うことで，すでに親を中心として，周りの者とコミュニケーションをとっている．身体も脳も心も，人間として飛躍的に成長をしているのだ．社会的存在として人間は，好むと好まざるとにかかわらず，ことばを獲得し，集団の中で生きる様式と態度を身につけてゆかねばならない．

2. 集団と自己の自己保存としての教育

　近代の国家や社会を前提にして，教育を「若き世代の社会化」[4]として捉えたデュルケム（Émile Durkheim, 1858～1917）であったが，何も近代社会にかぎらなくても，原始・古代の社会にあってもその集団に，さまざまな観点において，適応させるために教育があったといってよい．ことばをかえれば，集団の「自己保存」[5]をはかるため，教育という営みがなされたのだ．

　集団の最小なものは家族である．親は子が家族の一員として生きるための教育をほどこす．それは，家族として生きるにあたって必要なしつけであったり，知恵であり知識であったりする．家族を維持してゆくために，家族の「自己保存」のため教育がなされる．

　家族が一族ないし部族となっても同じことがいえる．部族の「自己保存」のために教育は営まれるのだ．これが近代国家になれば，国家の「自己保存」のために教育がほどこされたのである．近代公教育のルーツはここにある．これについては，後の公教育に関するところで詳しく述べる．

　このように，集団で生きる社会的存在としての人間の「自己保存」のために教育はあった．

　一方，ただ，集団の自己保存のためにだけ，教育がなされてきたわけではない．親は子どもが，やがては自分ひとりで生きていけるようにと願って，教育をほどこす．子ども自身の，その子の自己保存のためにも教育はある．そこには当然，親の子への愛情がある．もちろん，児童・生徒へのそれもある[6]．

　集団の自己保存も，その子の自己保存も，種の自己保存ということになろう．ただ，近代以降の教育の歴史においては，集団・国家の自己保存とその子・個の自己保存とが直接的には結びつかなくなる．これも近代公教育のところで説明する．

　さて，自己の自己保存だが，それは動物にあっては集団の自己保存・種の自己保存と直結する．個体が生きのびるために，たとえば親ライオンは子ライオンに狩りの仕方を自ら実践することによって，自然に教えている．子ライオンは自然に学習している．そうして子ライオンは一人前のライオンとなり，自分

自身の自己保存がなされ，自分の属する集団と種の自己保存もなされる．

　動物の場合は，プログラミングされた本能の部分が多いが，それでも無意図的教育と学習という作用はある．狩りの仕方を教え・学ぶことなしには，ライオンといえども，生きのびることができない．こうして，動物では，自己の自己保存と，集団の，また種の自己保存とが直接的に結ばれる．

　人間の場合も，自然界に適応して生きのびるために，集団や社会に適応して生きていくために，教育がなされ，学習がなされる．しかし，動物と決定的に異なるのは，自己の自己保存と集団の自己保存は，時に相反する場合があるということである．人間には意識があり，理性があり，霊性があるからだ．本能的にプログラミングされた生だけを生きるわけではない．意識や理性はそれ自体が集団にさまざまな働きかけをする．また，異なる集団間で争い殺し合いまでする．これは，人間に特徴的なことである．

　動物は集団や環境に規定されるだけだが，人間は集団や環境に働きかけることができる．集団の在り方を人間は問うのである．そして，集団を改革，改訂するのである．

　先にも触れたが，近代国家を担う権力集団の自己保存と，我にめざめた個の自己保存との間で，葛藤あるいは矛盾が生じる．国家という権力機構がいったんできあがると，国家の自己保存のため，国民の自己保存を踏みにじることが生じるのだ．国民は臣民とされた時代があったが，その場合は国家の自己保存のため，一人ひとりの国民の自己保存は軽視ないし，無視される．だから臣民なのである．臣民教育は一人ひとりの自己保存を保証しない教育であった．

　ともあれ，個人の自己保存であれ，集団・国家のそれであれ，教育はそれぞれの自己保存を目的になされてきたし，なされているのである．それぞれの自己保存同士の切り結びの在り様は次章で展開する．

3. 個の形成としての教育

　教育は集団の，あるいは個人の，自己保存のための営みであった．そこには，親の世代や上の世代の，子の世代や下の世代への愛もあった．次の世代も集団

として生存してゆくために教育があった．まず集団ありきで，集団に重点が置かれ，集団の自己保存を志向していた．個人の自己保存も集団の自己保存に連関し，集団の自己保存のために個人の自己保存は従属していた．いずれにしろ，生物的に生きのびてゆくために教育は必要だった．この時期が人類の歴史では圧倒的に長かった．

　さて，私たちは近代以降の人間である．近代自我ということばがあるように，近代は「我」の発見があった．それはまた，「個」の自覚でもあった．近代自我を特徴づけるものは，自己と理性への絶対的信頼と孤独である．ヨーロッパでいえば，人びとは集団から，教会の制約から自由であることを欲した．理性の力で神のようになれると思った．また，国家の束縛にも自由であることを欲した．そこにさまざまな悲喜劇が出現することになる．なにも西欧だけの話ではない．近代の洗礼をうけた日本においても，たとえば夏目漱石の『行人』の「一郎」の苦悩などは，近代自我をめぐる苦闘をみごとに表している．個を自覚した近代以降の教育は，近代国家にとって有為な人材育成教育とともに，国家に限定されない，個の自立をめざして営まれる2つの方向性のもとで営まれる．

　教会の権威からの独立 (independent) により，一人ひとり (individual) が神に向かうことが要請される．神のような知と人格 (personal) がめざされた．また，近代国家の絶対王権にも，個の自覚でもって挑んだ．思想史的にいえば，社会契約説である．細かい議論はおくが，個人あっての国家という発想，主権は個人・国民一人ひとりにあるという思想はまぎれもなく近代の思想である．

　教育はその一人ひとりの個の主体形成，個の自立のためにある．はじめに個ありき，なのだ．個は個そのものにおいて，普遍的な価値と意味を有する．ひとりの生命は地球と同じくらい重いのだ．

　その個の育成をめざす教育は，本質的には価値中立なものでなくてはならない．自由においてなされなければならない．教育の目的は，個の自立を内実とする人間形成にある．一定の集団や国家の都合に合わせたものであってはならない．また，一定のイデオロギーや思想を教え込むものであってはならない．

俗にいえば，右からも左からも自由でなければならない．もちろん現実的には，現代においてもそれらは十分ではないし，歴史的にはなおさらそうであった．

しかし，経済の論理や政治の論理にふり回されるのではなく，教育には教育の論理があってしかるべきであろう．

個の形成は，他者とのかかわりの中で，属する社会の中でなされていく．なかでも，親，教師の果たす役割は大きい．また，公教育を規定している文部行政の責任も大きい．従来のように，集団，国家に限定されないで，地球規模の中で，個の形成を考えてゆくことが必要であろう．教育行政の基幹のひとつとして，学習指導要領があるが，たとえば『小学校学習指導要領』をみても，1951年のそれは，現行のものより，より歴史的に進歩性がみられるのではないか．

ただ，この学習指導要領の問題は，人間形成に不可欠と思われる霊性についての観点が乏しい．経験主義に基づく問題解決的教育観で意識や理性ないし知性を伸長させることに重きがおかれている．

個の形成に宗教的観点は，必要不可欠である，と筆者は考える．近代公教育における，世俗化の原則はそれなりの歴史的反省から生まれた．また日本にあっては，擬似宗教ともいえる天皇制があったがゆえに，アジア太平洋戦争後，宗教は敬遠されてきた．戦後の教育では宗教は，宗教的情操に押し込まれている．この是非は問われなければならい．ただ，世界や人間を知るためにも，せめて「宗教知識教育[7]」くらいは必要ではないか．筆者はそれに加え，「宗教を考える教育[8]」がこれからの社会・世界にあっては必要不可欠と考える．理性とともに霊性にも働きかけることが，人間形成には必須だと考える．

(1) 集団を相対化するものとしての教育

教育はどうしても，集団，社会，国家に都合がよい教育を施しがちである．明治憲法下で「家制度」があったとき，家庭ではそれに合致する教育を施していた．

知育において，徳育において，「家制度」を維持してゆくために都合のよい

教育をした．それは「家制度」の背後に「神聖ニシテ冒スヘカラス」という「天皇制」があったからである．天皇制は拡大された家制度であった．親に「孝」であるように国家の親であり，なによりそのうえ「神」でもある天皇に「忠」であることが求められた．国をあげて，地域をあげて，学校をあげて，家をあげて，求められたのである．「天皇制」は単なる風潮だけではない．国家を維持・発展させるために巧妙に作製された装置であり，制度であった．当然，法律で規定されていた．天皇ないし，天皇制に逆らう者，疑義を唱える者には，大逆罪や不敬罪が適応されることになる．また，教育においては，「教育勅語」が発布された．これは，1890年のことであるが，すでに，1879年にも「教学聖旨」が出され「教育勅語」への布石は打たれていた．「教育勅語」の主眼は，「一旦緩急アレハ義勇公ニ奉シ以テ天壌無窮ノ皇運ヲ扶翼スヘシ」にある．そういう中にあって，いきなり，国家・集団を相対化することはきわめて難しい．

1853年のペリー来航は，徳川幕府ならびに藩民であった日本人全体にとって，とてつもなく衝撃的な出来事だった．「泰平の眠りをさます上喜撰（蒸気船）たった四杯（四隻）で夜も寝られず」とうたわれた．また，その後のハリスとの間では，不平等な条約締結を余儀なくさせられた．明治政府の悲願のひとつは，この不平等条約の改定にあったといってよい．日本国も日本人も一丸となって西欧に伍する国になろうと必死だった．ペリーショック以来の危機感を共有していた．この危機感は，日露戦争の戦勝あたりまで続いていた．その中で作られた「天皇制」であった．自由民権運動の結果も考慮した，立憲制を一応とりいれた立憲君主制としての「天皇制」であった．それゆえ，臣民としての国民は「天皇制」を支持していたといってよい．「一高不敬事件」(1891)で有名な内村鑑三も天皇に親近感を抱いていた．その内村が，あのような事件に遭遇するのはまさに歴史の皮肉であった．また，足尾銅山鉱毒事件で，議会に訴えつづけたが空しく終わった田中正造が，死を覚悟して，最後に「謹奏」として，天皇に直訴した．臣民の天皇に対する畏敬と親愛，また天皇の位置を推し量れよう．だから，臣民がいきなり天皇や「天皇制」を相対化するということは無理があった．また，国家の体制を整え，西欧に伍するために，一

元的，一義的な「億兆心ヲ一ニ」する「天皇制」を構築したことは，発展途上にあった日本にとって，ある意味，偉大な発明であったかもしれない．私たちは，いたずらに過去を断罪することは避けるべきである．しかしながら，手放しで称賛することも避けなければならない．知の目的や徳の目的ないし源泉を天皇・天皇制国家に求めることは，やはり無理がある．当時，日本で唯一の大学であった帝国大学の目的は「国家ノ須要ニ応スル学術技芸ヲ教授シ其蘊奥ヲ攻究スルヲ目的トス」（帝国大学令1886）であった．教育勅語は，「神聖ニシテ侵スヘカラス」という天皇の「みことば」，「おおせ」であった．価値観の源泉は，天皇にあった．また，日本人の価値観の究極目的が示されていた．いずれも学問や教育に不可欠な普遍性と自由を欠いている．

「神聖ニシテ侵スヘカラス」者はなにも天皇だけではない．「人は皆神聖にして侵すべからざるものです」[9] ここに，「個」の思想の面目がある．この自覚のもとに，天皇も国家も家も会社も集団も相対化してゆくのである．

「個」の在り方をうかがわせるエピソードを紹介する．先に内村鑑三の不敬事件を述べた．その事件があって，臣民たちは内村を「国賊」扱いした．内村の自宅に一高の学生が数人で押しかけ，玄関先に小便をして帰った．そのうちのひとりは，「これも一高魂の如実の表れ」[10] と自慢気に自伝に記している．暴漢が内村の自宅を襲ったこともある．そういうさなか，内村の妻が亡くなった．その葬式は「さみしい葬列であった」[11]．ところが，その葬列に，馬にまたがってしんがりをつとめた人がいた．志賀重昂であった．思想的立場を越えて，この志賀の姿に「個」をみる．

「個」を十全に生かすことは，現代の私たちもできているかどうか．「みんなちがってみんないい」[12] というエートスがあるかどうか．たとえば，不敬事件における内村のような立場に立たされた人間に，私たちはどういう対応をするか．

「個」とは自己の良心に合致しないかぎり，安易にマジョリティ側に身をよせない．志賀のように，ひとりでマジョリティに，日本的にいえば世間に抗しなければならない．「ひとりぽっちに耐える」[13] ことが必要なのだ．

そういう強靭な精神を宿した，一人ひとりの「個」が集団を相対化する．ま

た，「個」は，自己の自己保存をも相対化する側面を有するのである．

(2) 個を相対化する教育

　教育の最終段階は，おそらく自己教育であろう．その内実は，これまでみてきた個を相対化することである．天皇制や集団を相対化するところに，個の形成があることを述べた．そのことを踏まえつつ，個の形成の最終段階は，個の相対化にあると考える．

　個の相対化は，人間が集団の中で生きているから，集団のためには個を制限しなければならないという，そういう意味での相対化ではない．この議論ではともすれば，個は全体に絡めとられる危険性があった．ここでいう個の相対化は全体（国家）との関係においてうんぬんではなく，個は他との個との関係において，そして何より自分自身の個そのものにおいて，その個そのもの自体を相対化するということである．

　一種の自己否定といってもよい．個を絶対化することは近代の弊である．人間の限界を超えてしまう．しかし，これも全体（国家）か個かと問われれば，個が優先するといってよい．命よりも大切なものがある，といって国家のために個（国民）を奉仕させる考えはまちがっている．まず，一人ひとりの命があって国家があるのだ．また，集団の和のために，個を相対化するわけでもない．集団の和より，個の尊厳が大切だ．また，集団の命と個人の命がかかったとき，どちらをとるか，というのも問題設定自体がまちがっている．ひとりの命が守られるとき，集団の命も守られるのだ．全体・国家・集団に対し，個がなにより優先されなければならない．しかし，その個そのものを相対化するのである．

　個は個そのものにおいて，限界を有す．矛盾を有す．そのようなものが絶対であるはずはない．

　自然の前に人間は無力である．これは現代でもいえる．また，死というものがあるかぎり，人間は絶対ではない．このような認識が個の相対化の自覚をもたらす．

　人間の生命の尊重は，それ自体でいえば絶対的なものである．だれもそれを

侵してはならない．他人も集団も国家も侵してはならない．「個」とは，そういうものだ．しかしながら，同時に「個」は無力で限界をもつ．いわばどうしようもない存在でもある．この相対性の自覚を「個」は「個」自身にもつこと，そういう自覚を形成することが，教育の最終段階といってよい．

人間の相対性の自覚は，宗教的認識と深くかかわる．悟りの第一歩は自己の相対性の自覚であろうし，自己の罪の認識が赦しと救済の第一歩であろう．教育は，人間形成は，深く宗教的なるもの，先にあげたことばでいえば，霊性とのかかわりが必須である，と考える．

「個」が相対性の自覚を有すること，ことばをかえると「謙」[14]となること，そこに他者との共存と真の平和が生みだされるのではなかろうか．集団も国家も実をいえば，相対性の自覚，「謙」の自覚が必須であろう．それは，集団の枠組み，国家の枠組みに変化をもたらすだろう．

4. 公教育のはじまり

(1) 近代公教育のはじまり

公教育は，近代にはじまる．それゆえ教育史では，近代公教育ということばが使われる．国民教育ともいう．

中世社会の産業の中心は，農業である．近代社会は産業の中心がはじめ商業からだんだんとマニファクチャを経て工業へとかわってゆく社会である．農業を基幹とする社会では，原則的に「読み書き」の能力は必要とされない．ただし，支配階級，特権階級は家庭教師を中心とする教育や，彼らだけが通える学校によって，「読み書き」能力を身につけていた．近代公教育で，国家が民衆に教育を施すのは，まず国家の都合によるものだった．国家が教育を必要としたのだ．ヨーロッパでは，ちょうど啓蒙思想の時代もあいまって，教育を受けた民衆は理性が啓発されることによって，政府に無謀な反抗をしなくなるという権力側からの発想によって公教育がなされた．また，国家を維持・発展させるためには，民衆の「読み書き計算」の能力が必要となっていた．大きくいえば，道徳教育と知育が必要とされたのである．この系譜にはいるのは，『富国

論』(1776) の著者，A. スミス（A. Smith, 1723～90）であり，プロイセンのフリードリッヒ大王（在位1740～86）である[15]．

また一方，同じ啓蒙思想でも民衆の側からの，教育を受ける権利を唱える思想家もあった．国民一人ひとりがもつ能力を伸ばす教育の機会を保障することは国家の義務という考えであった．この系譜に属するのは，フランス革命の理論的な指導者のひとりであったコンドルセ（Condorcet, 1743～94）であり，J. J. ルソー（J.J. Rousseau, 1712～78）である．近代公教育は，この2つの流れのせめぎ合いの中にあった．

(2) 日本の近代公教育

国家の維持・発展のために教育を国民に義務として課したのが，「学制」(1872) から敗戦までの教育である．戦後は原則として個の発展・人格の完成のために，国民は教育を受ける権利があり，国家は国民に機会均等な教育を施す義務がある，という教育観になる．学制，森有礼（1847～89）文部大臣の大学令をはじめとする学校令，大日本帝国憲法・教育勅語側の教育と日本国憲法・教育基本法側の教育とに二分されてあるわけだ．

「学制」は，村にあって学ばない家がなく，家にあって学ばない子どもがいない，ことを旨とした．教育は納税と兵役と並ぶ，臣民の三大義務のひとつとなった．「富国強兵・殖産興業」のために，義務として教育が課せられたのである．「はじめに国家ありき」にたつ教育観である．ただ，教育を受ければ，利益になるという考えも示された．「学問は身を立る財本[16]」という考えである．

戦後は，戦後教育とひとくちでいわれるが，実際のところはその教育理念が生きていたのは，せいぜい数年間にすぎない．1951年の学習指導要領をピークとして，すぐあとに変質してゆく．アメリカ合衆国の対日政策の転換があったからだ．平和憲法を立案した当の国が日本を反共の砦とすべく，変質した．1950年1月にはマッカーサー元帥が日本国憲法は自衛権を否定せずと声明を出した．レッドパージ，警察予備隊令公布と続く．いわゆる天野通達もこの頃である．「新しい修身科の特設」も提唱した．1953年の池田・ロバートソン会

談以後，日本の教育は大きく変動してゆく．これは，公教育がいかに政治との関係のなかで密接に展開されてゆくかの証左となる．次章で詳しく展開する．ここでは，近代公教育はたえず政治とのコンフリクトの中で展開されたことを銘記してほしい．

注)
1) カント　湯浅正彦他訳『論理学・教育学』岩波書店，2001年
2) ポルトマン　高木正孝訳『人間はどこまで動物か』岩波書店，1978年
3) 寺﨑昌男「教育を語る」『明治学院大学文学部講演会』2008年10月28日
4) デュルケム　佐々木交賢訳『教育社会学』誠信書房，1976年
5) 上田薫「教育」の項『新教育学大事典』第一法規出版，1990年
6) 室俊二は「見守り，支え，励ます」と言っていた．
7) 菅原伸郎『宗教をどう教えるか』朝日新聞社，1999年
8) 鈴木範久・播本秀史他『宗教を考える教育』教文館，2010年
9) 永島忠重『新井奥邃先生面影と其の談話』(私家版) 1929年
10) 鈴木範久『内村鑑三日録　一高不敬事件上』教文館，1993年
11) 小沢三郎『内村鑑三不敬事件』新教出版社，1961年
12) 金子みすゞの詩
13) 上田薫のことば
14) 新井奥邃の思想を端的に表すことばがこの「謙」である．
　　播本秀史『新井奥邃の人と思想―人間形成論』大明堂，1996年
　　金泰昌他編『公共する人間5　新井奥邃』東京大学出版会，2010年
15) 長尾十三二・椎名萬吉『高看基礎講座　教育学』メヂカルフレンド社，1975年
16) 「学制序文」は，福沢諭吉『学問のすゝめ』とエートスを同じくする．

第2章　学校制度をどう捉えるか

1. 教育の世俗化と制度化（政治・宗教・教育の関係）

　学校それ自体の発生は古代ギリシャに求められる．スクールの語源は，ギリシャ語のスコレー（閑暇）にある．支配階級，上層階級の子弟のみが学ぶことができた．読み・書きはそれら特権階級の文字どおり特権であった．
　識字教育(リテラシー)が解放の論理となるゆえんである．読み書き能力を通じて，人は世の中がみえてくる．その矛盾がみえてくる．同じ人間なのに何故，私たちだけが，という矛盾がみえてくる．特権階級だけではなく，民衆にも教育をという，近代公教育を施す為政者を悩ますのは，そういう民衆の矛盾の発見であり，発見する力である．
　農業中心の封建社会から近代化してゆく国家にとって有用だから，教育を施したというのが，そもそもの近代公教育のはじまりであった．しかし，教育は為政者に都合のよい民衆だけをつくるとは限らない．ここが，教育のもつおもしろさ，醍醐味，両刃性である．知は自由なのである．商業化・工業化社会では，読み書き計算能力は必須である．しかし，その知は，為政者，政府の矛盾を発見する知でもある．ここに，近代公教育における政治と教育のコンフリクトが生まれる．
　また，近代はルネサンス，宗教改革を経験している．ルネサンスは神からの解放，宗教改革は教会からの民衆の解放であった．特に宗教改革以後の宗教戦争の教訓から，学校教育から宗教を排除することが近代公教育の原則となった．また，人間の理性や科学をともすれば絶対視してゆく傾向が人間から神を遠ざけた．近代公教育における，教育の世俗化という原則が生まれた．

2. 教育の制度化（政治と教育）

　政府が公教育・国民教育（戦前の日本は臣民教育）を施す時，政府にとって都合のよい教育制度をつくる．文明開化，富国強兵，殖産興業をめざす明治政府にとって，読み・書き・計算能力の育成は必須であった．だから，「学制」を発布した．国力の乏しい時代ながら，近代化のためにはどうしても公教育が必要だったのだ．また，この読み・書き・計算（3R's = reading, writing, arithmetic）能力は，兵役にも必要であった．公教育は，知育とともに徳育も重視した．国家に従順で忠誠をつくす国民（臣民）の育成をはかった．もちろん，児童・生徒を教える教師自身にも要求される徳であった．「師範学校令」(1886)では，教師の卵たちは「順良・信愛・威重」の徳目が求められた．

　また，体育も奨励した（兵式体操，明治中期から）．体育は大切な教育のひとつだが，国家が強く体育を奨励するときは，意図を注意深く観察する必要がある．道徳教育に力を注ぐ場合も同様である．

　教育を施す側に都合のよい教育を施すということは，これまでみてきたように，圧倒的な基本である．これは，集団の自己保存としての教育である．国家が教育を施すときは，現体制を維持・発展させることを目的とする．

　一方，個人の権利として，個人は教育を受ける権利があり，国家のためでなく個人のために，個人の自己開発，自己完成のために教育はあるべきだ，という考えもあった．これは国家の一種の自己否定を要求している．国家も個も近代の産物だが，この場合は個を優先させるわけだ．教育制度でいえば，近代は国家中心から始まって個中心に至る過程ともいえよう．個の人権尊重の方向にあっては，国家は，戦争という手段をとれなくなるであろう[1]．

　思想的には，近代公教育はこの国家と個との「綱引き」の中で展開されてきた．個対国家がまともに対峙し，同じ土俵の上で勝負できる社会は，かなり成熟した社会である．たとえば，兵役を拒否する人を法律によって監獄にいれる社会ではなく，法律によって拒否する権利を認めるような社会である．歴史はその方向に動いてほしい．

　さて．日本では日教組対文部省（現文部科学省）の構図が戦後長くつづいた．

ここから，教育と政治の関係をみる．

　文部省，日教組ともに自分たちの集団の側に都合のよい教育を施そうとした．55年体制の崩壊までその「綱引き」で戦後教育は展開された観がある．教育をそれぞれの立場が，いわば，ヘゲモニーをめぐる「綱引き」であった．そこにあるのは政治の論理であって，教育の論理ではない．

　教育の論理とは，何か．それは，人間形成のために，自由にものを見，判断することを保障すること，教育は教育のためにあるという自立した教育観をいう．政治や経済に支配されるものではない．

3. 教育の世俗化

　戦前の日本は天皇制であった．それは擬似宗教でもあった．「天皇教[2)]」とよぶ学者もいるくらいだ．近代社会になっても，日本に教育の世俗化は実現されていなかった．敗戦後，すなわち天皇教なきあとで，はじめて教育の世俗化が教育基本法（1947）に示された．

　　　第9条（宗教教育）宗教に関する寛容の態度及び宗教の社会生活における地位は，教育上これを尊重しなければならない．

　　　② 国及び地方公共団体が設置する学校は，特定の宗教のための宗教教育その他宗教活動をしてはならない．

ちなみに2006年に改定されたものでは，第15条に宗教教育の条文がある．「宗教に関する一般的教養」という文言がつけ加えられている．国際理解のために，また対カルト対策のため，「一般的教養」が必要とされているということだろうか．一般的の意味，内容を考える必要があろう．

　教育の世俗化の流れはまちがっていない．しかし，同時に近代の陥った重大な過ちであったかもしれない．人間形成において，個の相対化をはかるとき，人間を超えた何者か（宇宙的生命あるいは究極的実在といったもの）とのかかわりが，不可欠だと考える．私という存在は限りなく尊い，と同時にどうしようもない存在，惨めな存在でもある．このような矛盾する認識は宗教的認識である．個の相対化はこの認識に基づくものである．このような認識は「宗教的情操」

からは生まれない．宗教的情操は「生命の根源すなわち聖なるものにたいする畏敬の念」[3]として意味づけられるが，そこには，人間のどうしようもなさ，惨めさ，罪，あるいは業といったものが位置づけられていない．宗教にとって欠くことのできないものが欠けている．

日本の場合は，宗教であるけど宗教でない，宗教でないけど宗教であるという天皇教があったゆえ，宗教にアレルギーや警戒感をもっている．

また，アメリカの影響を大きく受けた日本の戦後教育において，国公立学校で特定の宗教のための教育が禁止されたのも無理はなかった．ただし，アメリカには教会があった．宗教を無視したわけではない．学校と教会を区別した，ということである．

さて，この点で日本の戦後教育，公立学校での宗教教育の在り方はどう評価することができるだろうか．

近代から現代に至るまで，留保つきだが，世俗化は正しかった．歴史の過程として必然だったともいいうる．しかし，現代から未来においても正しいといえるかどうか．新しい宗教とのかかわりが求められるのではないか．

4．戦前の教育（明治・大正・昭和の教育思想）
(1) 明治の教育思想

「学制」についてはすでに述べた．次に当時の教育思想を述べる．明治初期の思想界は混沌としていた．啓蒙思想，社会進化論，自由民権思想，そしてキリスト教思想など実に混沌としていた．そのさなか，「教学聖旨」(1879)が出される．教学聖旨は，「教学大旨」と「小学条目二件」より成る．教学大旨では「教学ノ要，仁義忠孝ヲ明キラカニシテ，知識才芸ヲ究メ，以テ人道ヲ尽クスハ我祖訓国典ノ大旨，上下一般ノ教トスル所ナリ」とある．儒教思想を中心とした教育構想である．開明派からの反発も受けつつ，やがて「教育勅語」が公布されるに至る．天皇制を中心とする国体の維持と発展が明治の教育思想の主流であった．

また，教育方法でいえば，系統主義であり，注入式授業である．小学条目二

件には「忠孝ノ大義ヲ第一ニ脳髄ニ感覚セシメンコトヲ要ス」とある．その際，「絵図」や「画像」を示す方法も示されている．そこにはコメニウス（J. A. Comenius, 1592～1670）やヘルバルト（J. F. Herbart, 1776～1841）の影響がみられる．しかし，「脳髄ニ感覚セシメン」とは一種の洗脳ではないだろうか．

　ペリーショック以来，日露戦争戦勝まで，国家も臣民も一丸となって西欧に追いつこうとひた走ってきた．もちろん，自由民権運動もあった．明治という国家を写し出す鏡となろう．ともあれ，大勢とすればほぼ一丸となって進んだといえる．

　しかし，戦勝後，臣民の意識に変化が生じる．個人主義的傾向が芽生えてくる．時代が方向転換をはじめる．1908年国民道徳作興を意図した聖旨である「戊申詔書」が出されたのも，そういう危機感のあらわれであった．文部省はこの聖旨を奉体するよう直轄学校長・地方長官らに訓令を出している．

　明治という時代を象徴する事件が大逆事件であろう．この「時代閉塞の現状」[4]の中，明治は幕をおろし，大正をむかえる．

(2) 大正の教育思想

　大正デモクラシーと呼ばれる時代は，日露戦争後の講和条約反対運動から男子普通選挙法の成立（1925）までをさす．あるいは，原敬内閣の成立（1918）から五・一五事件（1932）までをさす[5]．いずれにしろ，薩長の藩閥政治から政党政治という民選・民主化の道をたどるこの時代は，明らかに明治とは異なる．また，第一次世界大戦の戦勝もあって，時代の空気は自由化・平等化，個人主義化の方向へ動いた．また，1917年のロシア革命後は社会主義への傾倒もみられた．しかし，関東大震災（1923）を契機に民主的な流れがかわる．1925年に普通選挙法が成立するが，同時に治安維持法も備えられた．民主化の登りつめた頂きは同時に落下する地点でもあった．1929年には，治安維持法に死刑条項が加えられた．大正デモクラシーは，容易に昭和の軍国主義化へ転換する脆弱さをもっていた．

　この時代を代表する教育思想並びに運動は，いわゆる大正自由教育とよばれ

る．自由主義，自学主義，個性主義，作業主義などが特徴である[6]．子どもの自由や個性を尊重し，自ら学ぶ力を育て，実際にやってみることを尊重する．教師中心の教育観でなく，子ども中心の教育観である．教師は子どもに教え込むのではなく，それぞれの子どもの能力を引き出すのである．学習の主体は子どもである．

　大正自由教育の弱点は，ひとつは性急すぎたことであろう．時は親や教師が圧倒的な権威や権力をもっていた時代である．そこに性急に子ども中心，子どもが主役といわれても浸透は難しい．また，伝統的価値観からの違和感，反発もあった．民衆の共感がなければ歴史は動かない．また，実際に自由教育が行われたのは，比較的恵まれた層が通う私立小学校であり，師範学校（現国立大学教育学部）などの付属小学校であった．要は恵まれた層に限られていた．また初等教育のみに限られていた．ただ，教育県たる長野県では，例外的に公立小学校で白樺派に影響を受けた教師やキリスト者教師によって，新教育が営まれた．しかし，ここでも多くは無理解と圧力にしぼんでいった．しかし，天皇制国家の教育の在り方に，ひとつのアンチテーゼを掲げたことの思想的意味は大きい．戦後民主教育にこの大正自由教育の影響がなかったとはいえまい．

　2つは，子ども中心に偏ったということである．教育は，教師中心でも子ども中心でも偏りがあるのではないだろうか．教師・子どもの2つの中心があるのが，適切ではなかろうか．明治は教師中心であった．教師は新たな臣民を養成するために教え諭したのだ．もちろん，教師の使う教科書も天皇制国家にふさわしい国定教科書であった．一方，大正自由教育は，子ども中心の教育思想であった．子どもの個性とか自由を尊重することは正しいが，それを教師とのかかわりの中で，教材も含めて，位置づけてゆくことが大切であろう．教材も教師の自前のものであってよいが，それがある思想（イデオロギー）を背景にしたものであるならば，政府の都合のよい教育（イデオロギー）と中身はちがうが，双方，教育の論理に基づかない点では同じものとなってしまう．

　しかし，実のところ時代はまだ圧倒的に行政の力が強かった．「戸倉事件」（長野県戸倉小学校で白樺派教員，赤羽王郎らが古い教科書を役所に無断で売却して

子ども文庫をつくろうとした．教師3名が教師をやめることになった．1919）をみても，「川井訓導事件」（松本女子師範附属小学校で川井清一郎訓導が国定教科書を使わない研究授業をしたことで休職処分にされた．1924）をみても，それは理解できよう．

　さて，大正の教育を特徴づけるものとして「臨時教育会議」があった．1917年9月に設置された内閣総理大臣直属の会議である．時代が大きく動いてゆくとき，この種の会議を政府は設置する．後の中曽根康弘内閣「臨時教育審議会」（以下，臨教審）も同様である．大正の民主主義的傾向は，天皇制国家には危機となるものを含む．個人主義的，自由主義的，平等主義的傾向はいずれも天皇制国家の根幹を揺るがしかねない．天皇制国家における，国民道徳，臣民教育の防衛と徹底をはかったのである．ロシアでは1917年2月革命が勃発している．社会主義からも国体を守り維持してゆく必要に迫られていた．国体護持という点で，明治の教育思想とかわりはない．1923年「国民精神作興ニ関スル詔書」が出される．

　ただ，明治と異なるのは，資本主義の発展にともない，教育界が新たな対応を迫られていたということだ．社会の中間管理層が必要となったのだ．総務・管理・経理・人事など，事務部門を担当する層が必要となってきた．また，高度な技術部門を担う人材も必要とされた．従来の帝国大学出身者だけでは不足であった．臨時教育会議の答申を骨子として大学令（1918年12月）が制定された．その結果，1920年から官立単科大学（商科大学，工業大学，医科大学）が設置された．また，この時期，公立大学も私立大学も誕生した．それまでは，大学といえば帝国大学であったのだ．たとえば，早稲田も大学と名乗ってはいたが，専門学校令による専門学校だった．

　資本主義社会の発展にともない，時代のニーズに応じたわけである．ただ，大学令でも「大学ハ国家ニ須要ナ学術ノ理論及応用ヲ教授シ，並其蘊奥ヲ攻究スルヲ以テ目的トシ，兼テ人格ノ陶冶及国家思想ノ涵養ニ留意スヘキモノトス」とある．ただ，明治以来，高等教育には国家に必要な範囲で，学問の自由はあった．この点，初等教育とは異なる．教育のいわば二重構造があった．

この臨時教育会議が元になって，1925年から中学校以上の諸学校に「陸軍現役将校学校配属令」が公布された．当時の軍縮の流れの中でのひとつの対応であったが，民主主義と社会主義から国体を守る一石二鳥的な働きをもったといえよう．時代は，昭和ファシズムへと転換する．

(3) 昭和（戦前）の教育思想

　1929年，ニューヨークのウォール街から始まった世界恐慌の渦に日本も巻き込まれた．対米貿易に依存する日本経済は大打撃を受け，農業も，深刻な影響を受けた．米も繭も暴落した．特に稲作中心で小作人が多かった東北はもっとも深刻だった．こういう時代を背景に軍部が台頭してきた．関東大震災と世界大恐慌によって，大正自由教育はほぼ壊滅した．

　明治以降，天皇制は立憲君主制を謳ってきた．しかし，昭和に入り，軍部の独裁政権とあいまって，絶対君主的になった．教育も思想も「現人神」である天皇の絶対的支配下におかれることになった．

　美濃部達吉の唱えた「天皇機関説」を排撃する事件（1935年2月）は，学問の自由が「現人神」に，また軍部に蹂躙された象徴的な事件であった．このときまでは，学問の自由はまがりなりにあった．1931年に満州事変を画策した軍部はここまで台頭してきた．

　大学，思想・言論界でもこの状況であった．「いわんや教育現場をや」，である．ただ，恐慌による疲弊，軍部の台頭のなか，特筆すべき教育として，綴方教育があった．政府の意図する教育を，そのまま受け売り的に伝達する教育ではなく，目の前の疲弊している社会をみて，その実態をうけとめ，矛盾を捉え，その原因を考え，それを詩や文に書かせて，自己や社会への認識を培う，という運動であり思想であった．こういういわば「野の教育」があったのだ．ただ，「天皇機関説」排撃と軌を一にする「国体明徴運動」および治安維持法によって一旦，消滅することになった．

　学校には「御真影」を納めるための「奉安殿」なるものが建てられた．1930年代に多数にのぼる．また，教育の招魂社的役割の「教育塔」も建てられた[7]．

まさに「天皇教」である．

　国体明徴運動をへて，1935年11月，教学刷新評議会（教刷評）が設置された．「ファシズム教育の基本理念形成」[8]を目的とするものであった．これに関連して1939年8月「青少年学徒ニ賜リタル勅語」が発布された．「文ヲ修メ武ヲ練リ」とある．同年5月には小学校5・6年と高等科男子に武道が課せられていた．日中戦争のただ中であった．

　大正期の臨時教育会議と同じ内閣直属の教育会議として，この時期，教育審議会（1937年12月〜42年5月）が設けられた．これは，教刷評と内閣審議会（1935年5月設置）の流れをくむ審議会であった．要は，日中戦争に発展した戦時体制下の教育をどうするかが主眼であった．翌年4月には，国家総動員法が公布される．

　青年学校を義務制にしたり，小学校を国民学校と名前を変え，6年制から8年制にしたり，中等学校も「夜間中学校」をおいたりしている．就学の機会拡大に見えるけれど，その実は，戦時体制下における優秀な「兵隊」「銃後の守り」要員をつくるためでもあった．少なくとも，個のための教育ではない．また，戦争の拡大により，実際のところ，国民学校の7，8年生以上は「勤労動員」に使われた．小学校は「知識・技能ヲ授クル」ところから国民学校の「皇国ノ道ニ則ル錬成」[9]の場となった．

　昭和前期の教育制度は，戦時体制を全うするため，教育を支配し利用した．果ては「学徒出陣」にいたる．有為な青年を国家が殺したのである．官の教育・臣民教育の一帰結であった．

5. 戦後の教育（新教育，教育制度，審議会）

　戦後教育はマッカーサーの教育に関する「四大指令」で，枠づけがなされ，アメリカ教育使節団の「答申」[10]によって方向づけがなされた．日本政府・文部省にくすぶる「国体護持」の志向をはっきりと断ち切るものであった．「新日本建設ノ教育方針」「公民教育刷新委員会」には，民主主義や個の思想が見えるが，まだ，教育勅語を否定しきれていない．批判や相対化を許さないところ

には，学問も教育も成立しない．しかし，日本の側からも新しい時代にふさわしい教育への模索があったことは銘記されてよい．[11]

　第一次アメリカ教育使節団の報告は当時のアメリカの「児童中心主義的なプラグマティズム教育思想と，ニューディール的な理想主義」[12]の反映であった．

　ところが，当のアメリカ自体の占領政策，特に憲法第 9 条関係の政策がかわる．それに従って，教育の在り方も変化した．

　戦後民主教育がもっとも自由闊達に展開されたのは，戦後すぐの「青空教室」であったかもしれない．特に 1951 年の学習指導要領は戦後民主教育の華といわれているが，その命脈は数年であった．1953 年 10 月，池田・ロバートソン会談があった．その翌年 6 月，「教育二法」が出される．「義務教育諸学校における教育の政治的中立確保に関する臨時措置法」「教育公務員特例法の一部改正」である．教育行政はここで転回した．政治の教育支配の構図となった．ストッダードを団長とするアメリカ教育使節団の報告書にあった「自由の空気」はなくなる．

　1955 年 8 月，日本民主党が「うれうべき教科書の問題」を刊行．12 月，文部省「高等学校学習指導要領一般編」を出す．この学習指導要領から，〈試案〉の字が消える．1956 年 6 月，教育委員を公選制から任命制に変える「地方教育行政の組織及び運営に関する法律」を公布する．11 月，愛媛県教育委員会，教職員の昇給は勤務評定により実施と決定．「勤務評定」のはじまり．1957 年 12 月，小・中学校の教頭を職制化（省令）．1958 年 3 月，4 月から小中学校で「道徳」を週 1 時間実施と通達．10 月「小学校学習指導要領」「中学校学習指導要領」を発表．〈試案〉が消え，指導要領の基準性・拘束性が強化される．教科の系統性を重視．経験主義にたつ問題解決学習の後退．1961 年 10 月，中学 2・3 年生全員を対象に「全国一斉学力テスト」実施．これは新「学習指導要領」の実施度のチェックのためであった．

　こうして日本の戦後教育は転回した．保守政権側は，あれだけ国内外に甚大な惨禍をもたらした戦争の後でさえ「国体護持」がまず念頭にあった．ことあるごとにそれを試みた．たとえば，占領政策が変わり，また占領も終わろう

という時期になると「修身復活」などを唱えた．国体の護持（復活）・憲法第9条の改定が保守思想の根底にある．また，1957年「スプートニクショック」の後，アメリカでも経験主義にたつ教育への批判がおこった．1958年「学習指導要領」の改訂で系統主義になった背景である．それが「知識詰め込み主義」になり「落ちこぼれ」の問題が出てくる．

　日本の教育が転回した時期は，経済界も復興から成長へと向かっていた．教育は政権からだけでなく，経済界からも圧力がかかった．経済審議会編『経済発展における人的能力開発の課題と対策』(1963)で打ちだされた「ハイタレントマンパワー」は，経済界の教育への要求を象徴していた．

　政治（政権側）と経済（財界）の2つの側から要求される教育に呼応する「期待される人間像」が発表されたのは1965年であった．天皇・日本国への誇りと忠誠は社長・会社への誇りと忠誠と重なる．滅私奉公である．滅私のために，人間を超えたものへの畏敬の念を強調した．宗教的情操とは，天皇を中心とした日本国の歴史の「生命への畏敬」と結びつく．

　戦後の教育は，保守政権と財界との必要と思惑のなかで展開される．臨教審もその例にもれない．国際化社会，情報化社会の流れの中で，日本国ならびに日本経済が生きのびるために必要な教育の在り方が検討された．それまでの公立学校への不信に基づく教育の自由化．教育の場に市場原理の導入がはかられた．経済界の要請が大きかった．ただし，自由化の論議は，やがて激論の末，個性化に着地したが．創造性の重視なども国際社会での生き残りのために提唱された．それまでは，明朗で協調性があることが美徳とされていた．また，「うれうべき教科書の問題」を提唱した中心人物（当時日本民主党）であった中曽根総理の「戦後の総決算」としての自民党保守政権の悲願も込められていた．いうまでもなく，それは「国体護持」のエートスにつながる．臨教審の矛盾は戦後教育を1945年から1984年まで連続して捉えていることである．これまでみてきた，池田・ロバートソン会談以降の自民党（1955年より）が行ってきた政策を，またその責任を忘却していることである．それを抜きにして「戦後の総決算」はありえないはずである．

注）
1) 辻村みよ子「戦争で殺される民衆にとってみればあらゆる戦争は人権侵害なのです．」『朝日新聞』2001年5月2日
2) 竹内芳郎『ポスト・モダンと天皇教の現在』筑摩書房，1989年
3) 「中央教育審議会答申」の別記「期待される人間像」1966年
4) 石川啄木『時代閉塞の現状　食うべき詩他十篇』岩波文庫，1978年
5) 中野光『大正デモクラシーと教育』新評論，1977年
6) 堀松武一編『日本教育史』国土社，1985年
7) 同上書
8) 久保義三『日本ファシズム教育政策史』勁草書房，1969年
9) 「国民学校令」第1条「皇国ノ道ニ則リテ初等普通教育ヲ施シ国民ノ基礎的錬成ヲ為スヲ以テ目的トス」
「小学校令」第1条「小学校ハ児童身体ノ発達ニ留意シテ道徳教育及国民教育ノ基礎並其ノ生活ニ必須ナル普通ノ知識技能ヲ授クルヲ以テ本旨トス」
10)「教師の最善の能力は，自由の空気の中においてのみ十分に現わされる．この空気をつくり出すことが行政官の仕事なのであって，その反対の空気をつくることではない．子供の持つはかり知れない資質は，自由主義という日光の下においてのみ豊かな実を結ぶものである．この自由主義の光を与えることが教師の仕事なのであって，その反対のものを与えることではない．」
11)「教授要目は大綱だけにして，教師と生徒の自主性にまかせること」という重要な提言があった．大田堯編著『戦後日本教育史』岩波書店，1978年
12) 同上書

第3章 教育法制をどう捉えるか
――教育の目的・目標規定の分析――

1. 教育基本法改正への軌跡

　2006年12月22日，平成18年法律第120号をもって，教育基本法（昭和22年法律第25号）の全部が改正され，公布の日から施行された（以下，教育基本法（昭和22年法律第25号）を「旧法」と記し，教育基本法（平成18年法律第120号）を「教育基本法」と記す）．

　旧法は，1947年3月31日，公布され，公布の日から施行された．そして，2006年に全部改正されるまでの59年間，一度も改正されたことがなかった．しかし，その間，旧法改正の動きがまったく見られなかったのではなかった．むしろ，1950年代半ばから1960年代半ばにかけて，鳩山一郎内閣の清瀬一郎文部大臣や池田隼人内閣の荒木万寿夫文部大臣によって，旧法改正のキャンペーンが展開された．そのねらいは，「愛国心」を謳う条項を追加することにあった．

　ところが1970年代から80年代にかけて，旧法改正の動きは，次第に，沈静化していった．1984年，戦後教育の抜本的改正を主張する中曽根康弘首相の主導の下で，臨時教育審議会が設置された．同審議会は，「臨時教育審議会設置法」（昭和59年法律第65号）に基づき，3年間の期限付きで総理府に置かれた．その目的として，「教育基本法（昭和22年法律第25号）の精神にのっとり，その実現を期して各般にわたる施策につき必要な改革を図ることにより，同法に規定する教育の目的の達成に資するため」（臨時教育審議会設置法第1条）と規定された．法文上，旧法の精神の活性化がめざされたのであった．実際，臨教審によって，教育改革においてもっとも重視されなくてはならない基本原則として「個性重視の原則」が掲げられたのであった．

しかし，臨教審の解散後，1989年，学習指導要領の改訂が行われたが，その際，中学校での習熟度別指導が明記された．日本の教育現場に馴染み難かった習熟度別指導が，「個性重視の原則」の提言を受けて導入されたことになるだろう．一例にすぎないかもしれないが，この点に着目すれば，旧法に掲げられた「個人の尊厳を重んじ」「個人の価値をたっとび」と「個性重視の原則」とは，思想的背景を異にする用語法であった．そうであれば，臨教審の設置は，旧法改正に向けた土壌の形成につながったと考えることもできるだろう．

　2006年旧法改正に向けた直接の動きは，2000年12月22日，教育改革国民会議によって，当時の森喜朗首相に，「教育改革国民会議報告―教育を変える17の提案―」と題する最終報告書が提出され，その最終項目で，「新しい時代にふさわしい教育基本法については，教育改革国民会議のみならず，広範な国民的論議と合意形成が必要である．今後，国民的な論議が広がることを期待する．政府においても本報告の趣旨を十分に尊重して，教育基本法の見直しに取り組むことが必要である」という提言が行われたことから開始された．教育改革国民会議は，2000年3月，当時の小渕恵三首相によって設置され，小渕首相の病気引退後，後任の森首相に引き継がれた首相の私的諮問機関であった．

　教育改革国民会議の提言をうけ，2001年11月，当時の遠山敦子文部科学大臣が中央教育審議会に教育基本法の在り方を諮問した．同審議会は，2003年3月20日，「新しい時代にふさわしい教育基本法と教育振興基本計画の在り方について（答申）」をまとめ，教育基本法の全面的な改正を提言した．その後，当時の与党（自民党，公明党，保守新党）によって改正法案条文が作成された．2006年4月，当時の小泉純一郎内閣によって改正法案が閣議決定され，通常国会に提出された．同年12月15日，第1次安倍晋三内閣の下，改正法案が可決成立した．なお，教育基本法は，公布施行以後，10数年の歳月を経ているが，今日まで改正は行われていない．

2. 教育基本法の構成

　教育基本法構成の特徴は，前文が設けられていることである．この点は，旧

法も同様であった.

　本則は，全18箇条から構成され，4章に章立てされる．旧法は，本則全11箇条から構成され，章立てはなされなかった．各条は，見出しが付けられ，旧法の見出しは，その8つが教育基本法に継承された．すなわち，「教育の目的」(第1条，旧法第1条)，「教育の機会均等」(第4条，旧法第3条)，「義務教育」(第5条，旧法第4条)，「学校教育」(第6条，旧法第6条第1項)，「社会教育」(第12条，旧法第7条)，「政治教育」(第14条，旧法第8条)，「宗教教育」(第15条，旧法第9条)，「教育行政」(第16条，旧法第10条) の8つである．

　新たに付けられた見出しは，9つである．そのうち，「教育の目標」(第2条)，「生涯学習の理念」(第3条)，「大学」(第7条)，「私立学校」(第8条)，「家庭教育」(第10条)，「幼児期の教育」(第11条)，「学校，家庭及び地域住民等の相互の連携協力」(第13条)，「教育振興基本計画」(第17条) の8つが，追加された条文に付けられた見出しである．また，旧法第6条第2項は，条文が一部改正され，第9条に改められ，「教員」という見出しが付けられた．

　廃止された見出しは，「教育の方針」(旧法第2条)，「男女共学」(旧法第5条) の2つであった．この2箇条は，条文も削除された．

　なお，旧法第11条は，「補則」という見出しが付けられていた．教育基本法では，第18条に改められたものの，見出しは付けられなかった．しかし，第4章が当該第18条のみで構成され，「法令の制定」という章名が付けられている．

　以下，教育の目的と教育の目標の条文を検討する．さらに，2007年6月，教育基本法改正を受けて行われた学校教育法改正 (平成19年法律第96号) において，教育の目的と教育の目標に関わる条文が大幅に改められたのであるが，その改正についても検討する．

3. 教育基本法における教育の目的・目標

　教育基本法第1条と旧法第1条の条文は，以下の通りである．

教育基本法（平成18年法律第120号）	教育基本法（昭和22年法律第25号）
（教育の目的） 第1条　教育は，人格の完成を目指し，平和で民主的な国家及び社会の形成者として必要な資質を備えた心身ともに健康な国民の育成を期して行われなければならない．	第1条（教育の目的）教育は，人格の完成をめざし，平和的な国家及び社会の形成者として，真理と正義を愛し，個人の価値をたつとび，勤労と責任を重んじ，自主的精神に充ちた心身ともに健康な国民の育成を期して行われなければならない．

　改正前と改正後の条文は，「教育は，人格の完成を目指し，……心身ともに健康な国民の育成を期して行われなければならない．」という冒頭と末尾の部分は，「めざし」が「目指し」に改められた点を除けば，同一である．

　中間部も「国家及び社会の形成者として」という部分までは，ほぼ共通している．しかしその後が，旧法では，「真理と正義を愛し，個人の価値をたつとび，勤労と責任を重んじ，自主的精神に充ちた」とされていたのが，「必要な資質を備えた」に改められた．「平和的な国家及び社会の形成者」の人間像を具体的に提示した記述が，「資質」という抽象的な用語に置き換えられた．

　したがって，教育基本法において，「人格の完成」は，形式的な目的に後退し，「平和で民主的な国家及び社会の形成者として必要な資質を備えた」「国民の育成」が，新たに実質的な教育の目的に掲げられたのである．

　2006年に行われた改正において，教育の目標を掲げる条項が新設されたが，その条文は，以下の通りである．

（教育の目標）
第2条　教育は，その目的を実現するため，学問の自由を尊重しつつ，次に掲げる目標を達成するよう行われるものとする．
一　幅広い知識と教養を身に付け，真理を求める態度を養い，豊かな情操と道徳心を培うとともに，健やかな身体を養うこと．
二　個人の価値を尊重して，その能力を伸ばし，創造性を培い，自主及び自律の精神を養うとともに，職業及び生活との関連を重視し，勤労を重んずる態度を養うこと．
三　正義と責任，男女の平等，自他の敬愛と協力を重んずるとともに，公共の精神に基づき，主体的に社会の形成に参画し，その発展に寄与する態度を養うこと．

> 四　生命を尊び，自然を大切にし，環境の保全に寄与する態度を養うこと．
> 五　伝統と文化を尊重し，それらをはぐくんできた我が国と郷土を愛するとともに，他国を尊重し，国際社会の平和と発展に寄与する態度を養うこと．

　上掲条文は，柱書と教育の目標が掲げられた第一号から第五号までの各号からなる．

　まず，柱書は，前条の目的と本条各号の目標とを媒介する条文である．しかし，条文中の「目的を実現する」と「目標を達成する」とを比べると，後者に比重の置かれた記述であり，目標を達成するように教育を行うことが強調されている．

　第一号から第五号までの各号は，「知・徳・体の調和のとれた発達（第一号）を基本としつつ，個人の自立（第二号），他者や社会との関係（第三号），自然や環境との関係（第四号），日本の伝統や文化を基盤として国際社会を生きる日本人（第五号），という観点から具体的な教育の目標を定めた」（中央教育審議会平成20年答申）規定であった．

　各号に掲げられた語句は，旧法の第1条や第2条の語句が移行された事例も見られる．たとえば，柱書の「学問の自由を尊重しつつ」は，旧法第2条にあった「学問の自由を尊重し」が，ほぼそのまま移行された事例であろうし，第二号の「個人の価値を尊重して」は，旧法第1条の「個人の価値をたつとび」が，微調整された事例であろう．また，第3号の「男女の平等…を重んずる」は，廃止された旧法第5条の趣旨を継承した語句であろう．

　さらに，旧法第1条の「真理と正義を愛し」のように，一語句中に並び記されていた単語が，「真理を求める態度を養い」（第一号）と「正義と責任……を重んずる」（第三号）とに，分離して移行された事例もある．この場合，「真理」と「正義」という同一の単語であっても，置かれた文脈が異なることによって，それぞれのニュアンスに微妙な変化が生じたように思われる．

　一方，教育基本法第2条の各号に追加された語句も少なくない．上記条文との重複をいとわずに，以下にその主なものを掲げる．

・幅広い知識と教養を身に付け（第一号）
・豊かな情操と道徳心を培う（第一号）
・健やかな身体を養う（第一号）
・公共の精神に基づき，主体的に社会の形成に参画し，その発展に寄与する態度を養う（第三号）
・生命を尊び，自然を大切にし，環境の保全に寄与する態度を養う（第四号）
・伝統と文化を尊重し，それらをはぐくんできた我が国と郷土を愛するとともに，他国を尊重し，国際社会の平和と発展に寄与する態度を養う（第五号）

上掲6件のうち，「情操」を除けば，第一号に追加された3件は，旧法の趣旨と全く相容れないということはないだろう．また，第四号に追加された語句も同様であるかもしれない．

しかし，第三号と第五号に追加された2件は，「個人の尊厳」「個人の価値」に重きが置かれた旧法の趣旨との比較でいえば，異質な内容であることは確かだろう．すなわち，その2件のうち，前者は，「公共の精神」を基調とする教育の目標であるし，後者は，「愛国心」を基調とする教育の目標である．このような教育の目標が教育基本法に追加されたことによって，日本の教育がどのように変容していくのか，今後とも，この点を見極めていく必要があるだろう．

さらに，2006年に行われた教育基本法改正では，義務教育の目標に関する条文が追加され，第5条第2項とされた．当該追加条文は，次の通りある．

> 義務教育として行われる普通教育は，各個人の有する能力を伸ばしつつ社会において自立的に生きる基礎を培い，また，国家及び社会の形成者として必要とされる基本的な資質を養うことを目的として行われるものとする．

上記条文の冒頭に，「義務教育として行われる普通教育」とあるが，これは，この条文で初めて登場した教育関係の法令用語であると思われる．中間の「各個人の有する能力を伸ばしつつ社会において自立的に生きる基礎を培い」の部分は，前に検討した教育基本法第1条の条文に見られない語句である．終末の

「国家及び社会の形成者として必要とされる基本的な資質を養うこと」は，第1条の条文に類似した語句が見られるのであるが，第1条で「必要な資質」と記された部分が，第5条第2項では，「必要とされる基本的な資質」と記されるなど，微妙な相違も見られる．

4. 2007年改正学校教育法における教育の目的・目標

　旧法は，1947年3月31日，公布・施行されたのであったが，同日，「学校教育法」(昭和22年法律第25号)が公布された．学校教育法は，六・三・三・四制の学校教育制度の基本を定めた法律であり，その制度の実施に合わせ，新学年の開始日にあたる同年4月1日から施行された．

　学校教育法は，制定当初から，学校種ごとに，その目的が定められていた．一方，教育基本法の場合，旧法は，教育の目標に関する条文が見受けられなかったのであるが，それとは対照的に，小学校，中学校，高等学校について教育の目標も定められていた．なお，学校教育法は，条文に見出しは付けられていない．

　また，学校教育法は，制定の翌年から頻繁に改正が行われてきた．しかし，教育の目的・目標規定の場合，昭和36年法律第166号をもって目的規定中の「左の」が「次の」に改められた表記上の修正を除けば，平成19年法律第96号をもって大幅に改正されるまで，実質的な改正は行われなかった．以下，改正前後の当該条文の主な変更点を検討する．

　目的規定は，中学校の場合，「中学校は，小学校における教育の基礎の上に，心身の発達に応じて，義務教育として行われる普通教育を施すことを目的とする」(第45条)である．しかし，改正前の当該条文は，「中学校は，小学校における教育の基礎の上に，心身の発達に応じて，中等普通教育を施すことを目的とする」(旧第35条)であった．すなわち，「中等普通教育」が，「義務教育として行われる普通教育」と改められたのである．教育基本法に第5条第2項が追加され，同項に「義務教育として行われる普通教育」という用語が登場したことに合わせた改正であった．

小学校の場合,「初等普通教育」(旧第17条) が,「義務教育として行われる普通教育のうち基礎的なもの」(第29条) に改められた.

高等学校の場合,「高等普通教育及び専門教育」(旧第41条) の「高等普通教育」が,「高度な普通教育」(第50条) に改められた.「初等普通教育」と「中等普通教育」という用語が廃止されたことに合わせた改正であろう. なお,「専門教育」は, 改められなかった.

教育の目標に関する条文は, 改正によって義務教育の目標 (第21条) が追加された. 当該条文は, 柱書と目標の掲げられた第一号から第十号までの各号からなる. 柱書は,「義務教育として行われる普通教育は, 教育基本法 (平成18年法律第120号) 第5条第2項 に規定する目的を実現するため, 次に掲げる目標を達成するよう行われるものとする」と規定され, 教育基本法との一体性が強調されている. しかも, 上記柱書の文末は, 教育基本法第2条柱書の文末と同一語句である.

また, そのような一体性は, 教育基本法第2条第三号から第五号までと, 学校教育法第21条第一号かから第三号までとに掲げられた目標の間にも認められる. 後者の第一号から第三号までの条文は, 次の通りである.

一　学校内外における社会的活動を促進し, 自主, 自律及び協同の精神, 規範意識, 公正な判断力並びに公共の精神に基づき主体的に社会の形成に参画し, その発展に寄与する態度を養うこと.
二　学校内外における自然体験活動を促進し, 生命及び自然を尊重する精神並びに環境の保全に寄与する態度を養うこと.
三　我が国と郷土の現状と歴史について, 正しい理解に導き, 伝統と文化を尊重し, それらをはぐくんできた我が国と郷土を愛する態度を養うとともに, 進んで外国の文化の理解を通じて, 他国を尊重し, 国際社会の平和と発展に寄与する態度を養うこと.

上掲第一号の「公共の精神に基づき」以下の条文は, 教育基本法第2条第三号の文末と同一条文である. また, 上掲第二号は, 教育基本法第2条第四号の条文と, ほとんど同じ内容である. さらに, 上掲第三号の「伝統と文化を尊重し」以下の条文も, 教育基本法第2条第五号の条文と, ほとんど同じ内容である. すでに指摘したように, 教育基本法第2条第三号と第五号は,「個人の尊厳」

「個人の価値」を基調とした旧法と異質な内容である．

しかし，旧法の流れを汲んだ「個人の価値を尊重して」という語句が，教育基本法第2条第二号に掲げられたのであったが，学校教育法第21条中，上掲以外の各号にも「個人の価値」と共鳴する語句は見受けられないのである．

さて，改正前，旧第18条に小学校教育の目標が定められ，旧第36条に中学校教育の目標が定められていた．中学校教育の目標の場合，「小学校における教育の目標をなお充分に達成して」(旧第36条第一号) という語句もあったが，その他は，中学校教育独自の目標が掲げられていた．

しかし，学校教育法に義務教育の目標に関する条文が追加されたことを受けて，同法旧第18条は，「小学校における教育は，前条に規定する目的を実現するために必要な程度において第21条各号に掲げる目標を達成するよう行われるものとする」と改められ，第30条第1項とされた．また，旧第36条は，「中学校における教育は，前条に規定する目的を実現するため，第21条各号に掲げる目標を達成するよう行われるものとする」と改められ，第46条とされた．すなわち，第30条第1項と第46条の条文の実質的な相違は，「必要な程度において」という語句の有無のみであり，両者に掲げられた教育の目標は，基本的に同一であると思われる．

また，「目標を達成するよう行われるものとする」という第30条第1項と第46条の文末は，教育基本法第2条柱書の文末と同一文言である．しかし，旧第18条と旧第36条において当該条文は，「目標の達成に努めなければならない」であった．高等学校教育の目標規定の場合も，この点は同様に改められた．したがって，法律に掲げられた学校の教育目標を達成することは，法律上，努力目標から達成目標に改められたのである．

5. 教育基本法の教育目的・目標と学習指導要領改訂

2008年3月から2009年3月にかけて，教育基本法改正後，初の学習指導要領改訂が行われた．その改訂では，たとえば，「中学校学習指導要領」の場合，「総則」の「教育課程編成の一般方針」の冒頭に，「各学校においては，教育基

本法及び学校教育法その他の法令並びにこの章以下に示すところに従い，生徒の人間として調和のとれた育成を目指し，地域や学校の実態及び生徒の心身の発達の段階や特性等を十分考慮して，適切な教育課程を編成するものとし，これらに掲げる目標を達成するよう教育を行うものとする」と明記された．

　これを1998年改訂「中学校学習指導要領」の当該記述と比べると，「法令及びこの章以下に示すところ」とあったのが，「教育基本法及び学校教育法その他の法令並びにこの章以下に示すところ」と改められ，文末に「これらに掲げる目標を達成するよう教育を行うものとする」の一文が追加され，教育基本法や学校教育法に規定された教育の目標の達成が強調された．また，「小学校学習指導要領」と「高等学校学習指導要領」の場合も，「総則」の「教育課程編成の一般方針」の冒頭において，同様の書き換えが行われた．

　学習指導要領は，2017年から2018年にかけて，再び改訂が行われた．その際，「総則」以下の章立ては踏襲されたが，「総則」に先立ち，「前文」が追加された．

　「前文」の文言は，小学校，中学校，高等学校の学習指導要領ともに，ほぼ同じ内容であり，その冒頭に，教育基本法第1条と第2条の条文が，多少の編集を加えて掲載された．特に，第2条各号は，全条文が収録され，その重要性が強調された．

　その上で，「これからの学校には，こうした教育の目的及び目標の達成を目指しつつ，一人一人の生徒が，自分のよさや可能性を認識するとともに，あらゆる他者を価値のある存在として尊重し，多様な人々と協働しながら様々な社会的変化を乗り越え，豊かな人生を切り拓き，持続可能な社会の創り手となることができるようにすることが求められる」と記された．「一人一人の生徒が，自分のよさや可能性を認識する」以下のところに学習指導要領としての独自性が認められるかもしれない．しかし，教育基本法の条文を受けて，「こうした教育の目的及び目標の達成を目指しつつ」と綴られたところに重点が置かれていることは，明白であろう．

　また，「総則」は，構成が変更され，見出しも改められた．しかし，従前の改訂で「総則」の冒頭に掲げられた前掲の文言は，ほぼそのまま引き継がれた．

したがって，学習指導要領は，法定の教育の目的・目標の規定を学校教育の教育活動に媒介する文書としての性格を強めてきていると思われる．

引用・参考文献
教育学関連15学会共同公開シンポジウム準備委員会編『新・教育基本法を問う：日本の教育をどうする』学文社，2007年
鈴木勲編著『逐条学校教育法〈第8次改訂版〉』学陽書房，2016年

第4章　学習指導要領をどう捉えるか

問題の視点

　今般の新学習指導要領（2017年3月31日『告示』）は1947年の改訂以来2008年の現行学習指導要領までとは異なりかなり大胆かつミクロ（教室）―マクロ（国）を往還する改訂であると認識しておく必要がある．前文と総則を読むと教室で教材を活かした授業に終始できない内容が明記されている．本章では今般の新学習指導要領のみを捉えることに焦点を合わせていない．歴史・背景・課題・展望といった観点から学習指導要領を総体的に見るとともに比較と流れの横軸と縦軸を据える．これが「どう捉えるか」の意味である．

1. 子ども（児童・生徒）があくまでも主体であるということ

　本章では知識の理解の質を高め，確かな学力を育成する学習指導要領のそれぞれの項目（もしくはキーワード）が取り上げられるが，後掲の図4-1で確認できるようにあくまでも子ども（児童生徒）が主体であり，教師は伴走者であるということを強調しておきたい．学校の授業を通じて子どもたちが自ら主体的に生き，ものごとを積極的に創造し，改変する．未来の社会を担うことができるために必要な知識や態度を育成することが重要である．教師は教室で一斉授業をするというよりも生徒と教師，生徒と生徒，生徒と教師と生徒との『知』の交歓を重視したい．子ども主体とはインターパーソナル（相互主観）な関係が存在している現実を無視できない．

2. 学習指導要領の一般的定義と構造的読み解き

　筆者の定義は以下である．
　筆者の「全国的に一定の教育水準を確保するとともに，実質的な教育の機会

均等等を保障するために，国が学校教育法に基づき定める大綱的な基準」[1]

　まず，学習指導要領は国が定める大綱的な基準であるということである．そして文部科学省の「告示」という形式で出されていることである．このこと自体「法的基準性」があるのではない．ただし，法的基準性の根拠として学校教育法と学校教育法施行規則があることを確認しよう．

　また「大綱的基準」は各学校が地域や学校の実態に応じて教育課程を編成して，特色ある教育活動が展開されることが期待されるという意味がある．

　「告示」についてもそれ自体，法的な拘束力をもたないが根拠となる省令（文部科学省令など）によって法的な効果が発生することも考えられる．つぎに定義の構造的な読み解きをしよう．

(1) 一定の教育水準の確保

　新学習指導要領の前文につぎのことが記述されている[2]．

　「学習指導要領が果たす役割の一つは，公の性質を有する学校における教育水準を全国的に確保することである（以下略）」

　この規定は文部科学省が義務教育の機会均等とその水準の維持向上の観点から全国の国立，公立，私立の小学校6年生と中学3年生を対象に全国学力・学習調査を実施していることと関連する．2007年度から実施され，2017年度からは保護者に対する調査も行われた．学習指導要領と学力調査との関係性についても注目しておきたい．

(2) 教育の機会均等等の保障について

　基礎的には，日本国憲法第14条1項，第26条1項，そして教育基本法第4条規定をそれぞれ確認して欲しい．そこで日本国憲法第26条1項の「すべて国民は法律の定めるところにより，その能力に応じてひとしく教育を受ける権利を有する」という規定は学力水準確保を要請する条項と考えられる．この1項の精神と合わせて教育の機会均等を具現化したのが教育基本法第4条である（教育の機会均等）．また，教育水準の維持向上について「義務教育の段階に

おける普通教育に相当する教育の機会の確保等に関する法律（教育機会確保法・2017年2月14日施行）」も関連法規である．「水準」をどう捉えるかは興味深い課題であるが，子どもたちが未来の社会に積極的に生きるうえで自ら決定する相対的な「目安」であると筆者には思われる．

3. 学習指導要領の法的根拠

あらためて学習指導要領の法律的な位置づけを確認しよう．「教育基本法」「学校教育法」そして「地方教育行政の組織及び運営に関する法律（地教行法）」は立法府である国会の審議を経たのちに制定される．一方で学習指導要領は行政機関である文部科学省で定められる．このことは学習指導要領が教育課程の基準として文部科学大臣が別に公示するということである．

義務教育と高等学校教育において憲法（第26条）に定められた「教育の権利」と「義務」が保障される．そして各学校が教育課程を編成する．これを実施するうえで学習指導要領が基準として布置されている．ただ「最低基準」であり弾力的に扱うことが可能である．また「基準性」の強化は1947年の「学習指導要領一般編」(試案)刊行後，1958年10月の「告示」によって強化された．「基準性」については子どもたちに過度な詰め込みをしない，児童・生徒の実態に応じて示されていない教育内容を加えて教えることができるといった教育的解釈が教員の間で共通理解されていることは重要である．

学習指導要領の改訂が時代の変化や社会の要請を踏まえたものであることは論を待たない．それだけに改訂にまつわる指針，前文，総則をしっかりと読み込んでおくことが大切なのである．なぜならば総則に教育課程を編成，実施するのは各学校であると示されているからであり，校務を司る校長が最終的に判断の権限をもつとはいえ教育課程を実施担当するのは一人ひとりの教師だからである．

教育課程はだれがどう定めるのか？　以下のラインをおさえよう．日本国憲法（第26条）⇒教育基本法（教育の目標・第1条から学校教育・第6条まで）⇒学校教育法（義務教育の目標10項—第21条，小学校の目的—第29条，目標・中学校，義

務教育学校,高等学校,中等教育学校に準用—第30条,中学校の目的—第45条,目標—第46条)⇒学校教育法施行規則(教育課程の基準・義務教育学校前期課程に準用—第52条,さらに義務教育学校後期課程,中等教育学校前期課程に準用される規定と教育課程の基準として文部科学大臣が別に公示する中学校学習指導要領による)[3]

　学校教育法と学校教育法施行規則に基づいて文部科学大臣が学習指導要領を「公示」する.また学習指導要領は各学校種においてそれぞれ学校段階について「一定の水準」を確保するために法令に基づく「国が定めた教育課程の基準」であることが確認できるのである.

4. 学習指導要領の変遷史から何を学ぶか

　教員養成教育では必ず学習指導要領の変遷が取り上げられる.そのこと自体は無意味ではないがその理論的・実践的枠組みは何であり,今日の教育実践にどれほどの意味があるかという内省は重要である.

　1951年の改訂時から文部科学大臣の諮問機関である教育課程審議会(教課審)の答申を基に改訂された.最終答申を出すときに「審議経過」や「まとめ」が公表される.また関係諸団体の意見聴取も行われる.そこで教師は「改善のねらい」と「主な改訂点」に注目しておきたい.「次期学習指導要領はどうして改訂されるのか」という問題意識を持ち続けていく.そして学習指導要領がときの「時代精神」や「教育思潮」の影響があったという視点をもつことが重要であろう.たとえば1958年改訂でなぜ各教科の系統性が重視されたのか.そこにはときの吉田茂首相の私的諮問機関「政令改正諮問委員会」答申があった.デューイ(J. Dewey, 1859〜1952)の思想『教育即生活』に対する疑問があり,さらに先の答申で「国情を異にする外国の諸制度を範とし,従うに理想を追うに急で,わが国の実情に即しない…」という指摘があった[4].また,世界のイデオロギー対立(米ソ冷戦),自由民主党の長期安定政権安定化,経済成長を支える国民への産業界からの要請(教育投資論と人材資本),加えてIT革命や国際化が拍車をかける.

　もう少し時代の文脈に注目してみよう.たとえば1960年代から70年代は「教

育の現代化」の時代という．では「人間化」が唱導されたのはなぜか．学力差の現れやすい科目（算数，数学などの理数系教科・外国語）に焦点が集まり，生徒の能力や適性等に応じた指導が求められたのであるが，他方で「落ちこぼれ」「非行の低年齢化」「登校拒否」が社会現象としてクローズアップされた．「人間化」はその実践の背景にアメリカのオープン・スクールやオルタナティヴ・スクールのわが国への導入——実験学校化があった．思えば教育の現代化の背景には「経験か系統か」といった二項対立を超えていずれもの長所を活かすことが求められたのである．これは今般の新学習指導要領の二項対立に陥らないという文部科学省の提議と関連付けてみてその異同を探ることは興味深い．

　1960年代〜70年代はブルーナー（J. S. Bruner, 1915〜2016）が注目された．教科，科目の背景にある科学（学問）への構造的な認識を子どもたちに気づかせること，単なる事実や技法の習得よりもその教科の基本的構造——基本的観念を理解させることに着眼する．1970年代に入って過熱する受験競争と詰め込み教育に対する批判が高まり「ゆとり教育」の提言（中央教育審議会答申1976，以下，中教審）が出され，授業時数の10％削減，学校裁量の時間（1977年，学習指導要領改訂に反映）があった．やがて教育内容の「精選」，他方で第2，第4土曜日を休業日に，そして教科「生活」が新設されていく（1989）．1980年代前半で注目すべきは「公立義務教育諸学校の学級編成及び教職員定数の標準に関する法律」（義務標準法）の改正である．1学級40人への定数改善は画期的であったことは今後の少人数学級の実現がいまも悲願であることから記憶しておくべきであろう．

　1980年代後半から1990年代後半の時代状況を眺めてみると情報化，国際化，価値観の多様化そして核家族化，高齢化など「化」の社会現象にめくるめく対応を迫られる．この流れを先導したのは臨時教育審議会（1984〜87，以下，臨教審）であった．この臨教審は教育改革の方向付けをしたといってよい．すでに第一次答申（1985）で「改革の基本的な考え方」が答申されていたが，いくつかの経緯を経て提出された第四次答申（1987）では改革の基本的な考え方として「個性重視の原則」「生涯学習体系への移行」「変化への対応」という教育

制度全般に及ぶいわば改革総覧が展望されたのである（この間(かん)には「多発する子どもの問題行動—1985年」「いじめ問題深刻化—1986年」があったことも留意しよう）．

ところで「学校の人間化」はその後どうなったかが気になる．「ゆとり」や「個性化」は幻想であるといった指摘のなかで能力・適性に応じた教育が命脈を保ったのである．「ゆとり」は心の持ち方への問題，具体的な学校生活の中で自主性や自己肯定感と意欲をもつことをめざしたと考えられなくもない．しかし「ゆとり」だけでこの変動して止まない社会に生きるのには十分ではなかった．

1989年の改訂は，臨教審答申が示した「改革の基本的考え方」や教育課程審議会答申「幼稚園，小学校，中学校，高等学校の教育課程の基準の改善について」を具現化したものである．改訂で出された「新学力観」は従来の知識，理解などの習得を主とすることから子どもたちの「自己教育力」を獲得することに焦点を合わせた．「心豊かな人間」の育成は社会人としてのあるべき姿を学ぶことであり，「公民科」でそれが行われるとした．「自己教育力」は生涯を通じて学習し，変化して止まない社会に生き抜くための能力と期待された．

教師からの一方的な指導をやめて子どもたちが暗記をすることが学習であるという「教育幻想」を払拭する．小学校（中学校）の総則では「自ら学ぶ意欲と社会の変化に主体的に対応できる能力の育成」をする．そして「基礎的・基本的な内容を徹底し，個性を生かす教育の充実」をめざすとある．

「思考力・判断力・表現力」に裏づけられた基礎学力が打ち出されたわけであるが，学校現場への要請はどうであっただろうか．中学校で「選択制」が拡大された．子どもたちが自らの生き方を考え，主体的にこれからの進路を選択できるようにと「進路指導」の充実や「体験活動」が重視されていった．従前の「学級会活動」と「学級指導」を統合し，新たに「学級指導」として弾力的な扱いを求めた．これは「個性を生かす教育の充実」の弾力的運用とも関連する．つまり小学校の一単位時間は45分，中学校の一単位時間は50分のままでも適切な計画のもとで弾力的な運用が可能とされた．「総則」をしっかり読もう．学校の創意工夫を生かす，地域が学校の実態に応じて連携を深めることが示唆された．

1998年の学習指導要領のキーワードは「生きる力」の育成である．完全学校週5日制の実施，学習指導要領の弾力化，総合的学習の時間の新設があった．そのねらいは自ら課題を見つけて，自ら学び考え，主体的で創造的に問題解決力を身につける．そして各学校では各教科等の年間の授業時数を確保しながらも「自由度のある時間割を組むことができる」とした．学力を単なる知識の「量」とするのではなく「自ら学び，自ら考える力」＝「生きる力」の育成であるとし，各学校で「創意工夫を生かした特色ある教育」が期待されたのである．

　さて，2003年に学習指導要領の一部改正を行ったことに注目しよう．つまり「すべての子どもに対して指導すべき内容の最低基準」を明言したのである．これは各教科のさらなる充実と知識の総合化―課題学習，発展的学習の展開へとつき進む．そして2002年に完全学校週5日制を実施したあと，中教審は「新しい時代にふさわしい教育基本法と教育振興基本計画の在り方について」を答申した．2008年の学習指導要領も「ゆとりと生きる力の育成」という路線からは離れるものではなかったが，改正教育基本法とその後の学校教育法の一部改正（三法改正，2007）は学習指導要領の改訂の方向性を決定づけるものであった．

　2008年の改訂は「知識基盤社会」（知識に国境なし，グローバル化の進展等から思考力・判断力の必要性を訴える時代要請）を背景としたが，これは「活用能力」の焦点化であった．いわばメリハリのない活動をやめ，目標として「探究的な学習」が明示され，全教科にわたって重視されたのである．更に，学力問題と関連する教科の授業時数の増加，小学校での外国語活動新設，言語活動・理数教育・道徳教育・体験活動の充実などが特化された．筆者はこれで「学習指導要領の視点に立つ授業づくりをどう進めるか」という課題意識を強く持った．この意識は2017年の新学習指導要領改訂でますます強まった．

　たしかに言語活動を充実させて家庭と連携して学習習慣を確立することは重要である．しかし，筆者の持論である「すべての教師は言語教師である」という自覚が先決であるし，「家庭との連携」では家庭内人間関係や保護者（主に母親及び子育ての担い手）の子どもへの教育期待を学校はどこまで知り学校教育の理念と接合できるのかといった重いタスクを背負っているのが現実である．

5. 新学習指導要領をどう捉えるか（2017年3月告示）

　下村博文文部科学大臣（当時）は中教審に対して「初等中等教育における教育課程の基準の在り方について」を諮問した（2014年11月）．諮問文では教育基本法の理念が十分に実現していないこと，わが国の子どもたちの抱える課題―判断の根拠や理由を示さずに自分の考えを述べること，そして自己肯定感や学習意欲等が低いことなどが指摘された．未来に向けて自らの人生を切り拓いていく資質・能力を身につけた人間を育てる学校教育をめざそうとしたのである．「何を学ぶか」がいままでの学習指導要領の軸であった．「どのように学ぶか」「何ができるようになるか」を見据えたうえで学習指導要領を改善することになる．

　「諮問」の背景には次の論点が指摘された．①今後日本社会は生産年齢人口が減少，②グローバル化の進展とIT革命・人口知能の進化による労働の自動化．今回の改訂は2030年頃の社会を見据えてさらにその先に豊かな社会を築くために教育が果たす役割は何かを視野にいれている．詳細は中教審答申の「幼稚園，小学校，中学校，高等学校及び特別支援学校の学習指導要領等の改善及び必要な方策等について」（2016年12月21日）の「第2章　2030年の社会と子供たちの未来」を読んで欲しい．本答申で新学習指導要領を構成する重要なエッセンスを確認できる．

　今般の学習指導要領はどんな観点から改訂されたのか．中教審教育課程企画特別部会「論点整理」（2015年8月）に遡るが，ここでは主に学校と社会の連携・協働による「社会に開かれた教育課程」，教育内容改善のための「カリキュラム・マネジメント」，そして子どもたちに何ができるようになるのか，という観点から「育成すべき資質・能力」に注目しよう．「社会に開かれた教育課程」は，①教育課程を介して目標を社会と共有する，②資質・能力とは何かを教育課程において明確化し育む，③学校教育を学校内に閉じずにそのめざすところを社会と共有・連携しながら実現させることである．「カリキュラム・マネジメント」は，①教科横断的な視点で教育内容を組織的に配列する，②子どもたちの姿や地域の現状等に関する調査や各種のエビデンスを集めて教育課程を編

成・実施・評価して改善を図ることである．

　資質・能力の育成については，①「何を知っているか，何ができるか（個別の知識や技能に関するもの）」，②「知っていることとできることをどう使うか（思考力・判断力・表現力等）」，③「社会や世界にどう関わりより良い人生をおくることができるか（人間性や学びに向かう力等）」が取り上げられた（学力の3要素）．「育成すべき資質・能力」を明確にするために学校教育法で明記された「学力の3要素」は児童生徒の学習を評価する際の重要な観点でもある．

　「総則」を理解することは学習指導要領改訂のポイントを理解することであり，教育課程全体の構造を理解することにつながる．「総則」の前に「前文」が付きカリキュラム・マネジメントの流れに沿った文構成になっていることに着目しよう．「総則」の前に「前文」が付いたのは「改訂史上」初めてである．

　今回の改訂においてまず読まなければならない前文で注目する諸点は以下である．
・教育基本法の教育の目的・目標が記される．
・学校教育やその軸となる教育課程に期待される役割が明示される．
・そのさいに社会との連携及び協働によりその実現を図る．
・学習指導要領の本質と役割が明言されていて教育活動の充実を図る．

　総則についてはこれまで各教科の共通事項や授業時間などが示されてきたが，今回の改訂では総則において各教科を貫く串ともいえるグリッドを確認できる（学力の3要素）．幼稚園，小・中学校すべての改訂で「前文」を設けて教育基本法が掲げる教育の目的と目標を記述する．そして幼の教育要領・小中の学習指導要領はその実現のために「教育課程の基準を大綱的にさだめる」としたこと，また役割として「教育水準を全国的に確保すること」（既述）も挙げた．資質・能力を育てるためには「教科横断的な視点」に基づくカリキュラム編成を行う．近年世間で席巻したアクティブ・ラーニング（AL）の言葉を外して「主体的・対話的で深い学び」という表現を使用した．学びの実現に向けた授業改善として言語活動，読書活動，「プログラミング」体験が取り上げられた．[5]

　ここで各教科（第2章）を除いて「総則」の構造（小学校）を以下掲げておく．

*前文（指導要領が目指す理念）第 1 章総則—第 1，小学校教育の基本と教育課程の役割（教育の目標等）　第 2，教育課程の編成（授業日数・指導計画の留意点等）第 3，教育課程の実施と学習評価（学び方・評価の留意点等）第 4，児童の発達と支援（人間関係や障害への配慮等）第 5，学校運営上留意事項（学校の指導体制・家庭地域との連携等）第 6，道徳教育に関する配慮事項[6]

　学習指導要領全体の構造を示す「総則」がいかに重要かを確認してその全体構造に目を通すのである．

　以上，カリキュラム・マネジメントと各教科における「主体的，対話的で深い学び」を実現すること，「見方・考え方」（どのような視点で物事を捉え，どのような考え方で思考していくのか．各教科を学ぶ意義，特質に応じて育むこと，各教科の学びと社会とをつなぐもの）を軸とした授業改善をすすめていくといった方向が改訂内容のなかで求められているのがわかる．

6. 今後の課題と展望

　新学習指導要領の改訂の基本は子どもたちが未来社会を切り拓くための「資質・能力」をしっかりと育成することである．改訂の焦点が「どのように学ぶか」であった．しかし筆者は「何を学ぶか」も子どもや教師が常に自覚しておくことが重要と考える．「知の構造」と「行為の次元」との合一をもとめる過程で子どもたちの「惑い」「葛藤」「いらだち」「違反」「対立」「離反」などおよそ合理的な結論から遠のくと判断される心的現象を無視できない．本章では「道徳」について論究してこなかったが，「議論する道徳」が重要であるとすれば，議論が熟議でも回議であっても，その過程を教室でいかに保障していくか．外国語においても異質な言語音とことばの文構造との「出会い」と差異に気づき，子どものなかで躊躇，発見，感激の心的過程を教師に大事にしてもらいたい．

　「総則」の第 4「児童の発達の支援」の「2・特別な配慮を必要とする児童への指導」として「障害のある児童生徒」「日本語の習得に困難のある児童に対する日本語の指導」「不登校児童への配慮」が明記されているインクルーシブ教育システムの構築に向けて「多様な学びの場」としての特別支援学校の役割

が提示されている．個々の違いを認め合う，多様性を尊重するという重いことばを反故にしないために個別性の高い「合理的配慮」を絶対視することだけは避けたい．教育の成果として子どもたちが「個人化」を生きること，つまり自己の利得を追及する知のコンサマトリー化をめざすことが私たちの「願い」ではないはずである．「個人化」がエゴイズム・私事化である前に，ベック（Ulrich Beck, 1944～2015）の指摘する「個人化」論から子どもの未来を考えることは重要である．ベックのつぎの警鐘に注目したい．「個人化によってバラバラになったはずの諸個人が逆に労働市場や教育制度，社会福祉制度のようなマクロな次元の制度にまさに一人ひとりがばらばらになったことによって依存するようになり，組み込まれ，統制される[7]」．

資質・能力にかかわる「現代的諸課題」として本章では「主権者教育」「領土に関する問題」「オリンピック・パラリンピック」を論究してこなかった．各自リサーチしていただきたい．また小中学校の教育理念を高校へとつなげてその成果を問う高等教育（大学入試等問題）について本章では論究していない．教科・科目の再編，「総合的な学習（探究）の時間」の「探究」の見方・考え方など課題は多くある．

政府は「経済財政運営と改革の基本方針」（2018年6月）など重要計画を閣議決定している．そこで「超スマート社会＝Society5.0」を実現するために初等・

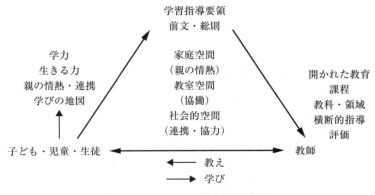

図 4-1　新学習指導要領の構図

中等段階から「人材育成と活用」を掲げる．Society5.0 に対応した教育政策の方向性が呈示され，これに応える学校創りが模索されつつある．[8]

最後に本章の全体的構図を描いた図を掲げておこう．図 4-1 は教育実践から読み解いてほしい．

注)
1) 水本徳明編著『実践教育法規』小学館，2018 年，p.58
2) 「必携小学校・中学校　新学習指導要領（抄）」『教員養成セミナー，別冊』時事通信社，2017 年 6 月号
3) 有村久春『教育の基本原理を学ぶ』金子書房，2009 年，p.74，なお，引用者の加筆による．
4) 水原克敏『学習指導要領は国民形成の設計書（増補改訂版）』東北大学出版会，2018 年，pp.126-127
5) 『朝日新聞』2017 年 2 月 15 日，引用者が加筆した．
6) 『東京新聞』2017 年 2 月 15 日，引用者が加筆・修正した．
7) ウルリッヒ・ベック　島村賢一訳『世界リスク社会論』平凡社，2003 年，訳者解説より，p.155．なお，本文では「戦争の個人化」―諸個人が国家に対して戦争をしかける（p.39）―の文章と関連している．
8) 岩瀬直樹「アメリカの先進校に見る Society5.0 の教室デザイン」『教職研修』教育開発研究所，2018 年 8 月，pp.40-41

引用・参考文献
U.ベック・A.ギデンズ・S.ラッシュ（松尾精文・小幡正敏・叶堂隆三訳）『再帰的近代化―近現代における政治，伝統，美的原理』而立書房，1997 年
文部科学省教育課程課・幼児教育課編「中央教育審議会答申，「幼稚園，小学校，中学校，高等学校及び特別支援学校の学習指導要領等の改善及び必要な方策について」全文」『初等教育資料 2 月号臨時増刊』東洋館出版社，2017 年
馬居政幸・角替弘規『解説―無藤隆，学習指導要領改訂のキーワード』明治図書，2017 年
文部科学省「小学校学習指導要領」2018 年 3 月
文部科学省「中学校学習指導要領」2018 年 3 月
文部科学省「中学校学習指導要領（平成 29 年告示）解説，総則編」2018 年 3 月

第5章　学校をどう捉えるか

　私たちは，自分とは異なる学校に通っていた人と話をしたとき，互いに同じような経験をしてきたことに驚くことがある．それは，学校という「場」に共通するいくつかの特徴があるからである．本章では，日本の学校にまつわる「時間」，「空間」，「人間関係」に着目し，学校に特徴的なことがらを挙げるとともに，近年のそれらの変化から，学校を捉える視点を提示していく．

1. 学校を特徴づける「時間」，「空間」，「人間関係」
(1) 学校の「時間」
　学校には独特な時間が流れており，学校に関わる人びとが一斉にそのスケジュールで行動することで，学校の時間をさらに独特なものにしている．

　1) 1日

　学校では，基本的には毎日同じように時間を区切って生活する．朝は一定の時間までに全員が登校し，出席や健康状態を確認した後，授業が始まる．授業の「1時間」は，学校の外の生活で用いる「1時間＝60分」とは異なっており，小学校では45分，中学校・高等学校では50分を標準としている．何年生のどの教科でも，基本的にこの時間の区切りは同じである．授業と授業の合間には10分程度の休み時間が挟まれ，授業と休み時間との区切りをチャイム等の音で合図することが多い．正午過ぎには昼食をとる時間が設定され，学校の中では子どもたちも先生も皆，この時間に校内で昼食をとっている．その後，午後のいくつかの授業を終えるとその日の授業（課業）は終了し，放課後となる．

　2) 1週間および1年間

　学校で授業があるのは，月曜から金曜までの5日間である．学校制度が始まったごく初期には「1」と「6」のつく日を休業日とするサイクルが採用さ

れていたが，1876年に日曜を休業日とするように改められた．さらに2002年度からは土曜日も休業日に加えられ，「5日登校，2日休み」という1週間のサイクルに変更された．この1週間のサイクルを35回ほど繰り返したものが，学校の1年間になる．日本の学校の1年（年度）は4月1日から始まり，翌年の3月31日に終わるが，夏，冬，春には1週間から長ければ1ヵ月以上にわたる長い休業日を挟んでいる．これらの休みは南北に長い国土を有する日本のどこでも，ほぼ同じ時期に設定される．

3) 学年と進級

年度内に7歳の誕生日を迎える子どもたちは一斉に，4月に小学校に入学する．そして1年を終えると，次の学年に進む．学校制度が始まった明治時代初期には半年ごとに厳密な進級試験を課し，合格すれば進級できる「等級制」がとられていた．この制度では年齢を問わず，不合格なら原級に留まり，逆に水準以上の学力がある場合には「飛び級」も可能であった．しかし厳しい進級試験に対する批判や度重なる不合格（落第）の問題が発生し，1900年の小学校令改正の際，「試験ヲ用フルコトナク児童平素ノ成績」によって各学年の課程修了や卒業の認定を行うことと，小学校へ就学させる年齢（学齢）が定められた．この頃より，日本の学校教育においては子どもの年齢と学年とが一致するようになってきたのである．この考え方は戦後においても，「教育機会の平等」の考えと結びつき，義務教育における進級・進学の原則として残っている（「年齢主義」[1]）．

(2) 学校をめぐる「空間」

次に，学校に関わる「空間」に目をとめてみよう．通常，学校の敷地はその外と厳密に区分されている．登下校時以外には校門などで完全に仕切られ，最近では防犯のために警備員や警備会社などによる監視を備えることも多い．

校舎に入る時には上履きに履き替えることで，外界と区別される．校舎の中は用途によっていくつかの空間に分けられている．「普通教室」は授業に用いられるほか，昼食をとったり着替えたりする場所としても用いられる．多用途

な空間である．教科の学習に特化した教室は「特別教室」と呼ばれる．職員室は教師がいて，子どもたちが入室するときには（他の部屋に入るときにはあまりすることのない）ドアのノックや挨拶が求められたり，学期末の試験期間には立ち入りが禁止されたりする特別な空間である．そのほか，学校の敷地内には校庭や体育館などを備えている．

　教室では，生徒用の机がみな，一方の壁に掛けられた大きな黒板の方向に向けて置かれている．そのため，「前を向きなさい」と指示されれば，生徒の体は自動的に黒板の方へ向くことになる．そして，黒板と生徒の机との間にはたいてい教卓が置かれ，教師はそこへ立つ．10cmほどの高さの教壇に上ると，教師の目線は高くなり，生徒の様子を見渡すことが容易になる．

　教室の広さは，1895年の時点で，最大幅4間×長さ5間（20坪）に定型化された．戦後の1950年にも，児童・生徒数の急増に対応するための学校施設の整備指針において，戦前とほぼ同じサイズの奥行き7m×間口9mと定められた．そのため，学校の教室といえばこの大きさが一般的である．さらに，縁側や廊下を南側に，居室を北側に配置する日本の伝統的な家屋のつくりとは逆に，一般的な校舎では廊下を北側に，教室を日当たりのよい南側に配置していることが多い．これは1901年に衛生上の観点から提唱されたものが現在まで残っているといわれている．

　学校をめぐる「空間」は，学校の外にも存在する．それは「学区（通学区域）」である．公立の小・中学校では，市町村教育委員会が「学区」を定め，児童・生徒の就学すべき学校を指定することになっている（学校教育法施行令第5条）．公立高等学校の「学区」は広く複数の区市町村から設定されることが多い．

(3) 学校における「人間関係」

　学校における「人間関係」は，「教える人」である教師と「教わる人」である生徒，という対になる関係が存在していることが特徴的である．この関係は，学校におけるあらゆる面で明確に区別され，立場が逆転することはない．

　たとえば，教師が生徒を呼ぶときの決まった呼称はないが，反対に生徒が教

師を呼ぶときには「先生」を付けて呼び，敬語で話すことが推奨される．生徒には決められた制服を着用したり髪型の規定などがあったりするが，教師にはそのような決まりはない．校内に教師が入ることを禁止されている場所はほとんどないが，生徒は職員室や教科研究室などに自由に入って使用することはできない．このように教師と生徒とは，外見から容易に見分けることができたり，空間も分けられていたりし，関係がはっきりと区別されている．

　義務教育段階の児童・生徒同士の関係は，先述の「年齢主義」を基に，同一年齢の集団で学年および学級が構成されている[2]．原則として，学習活動や学級活動はこの集団で行われる[3]．

2. 現代の学校改革の動き
(1) 教育の規制緩和

　高度経済成長を経て社会が豊かになった 1970 年代以降，高校進学率は 90% を超え，ほとんどの子どもが後期中等教育までを享受できるようになった．しかしその代償として，校内暴力や不登校，いじめ，過熱する受験戦争など，学校に通う児童・生徒にかかわる問題が頻発するようになった．それらの原因を画一化した学校教育に求め，改革しようという機運がその頃から高まった．1987 年の臨時教育審議会第 4 次答申において，「個性重視の原則」に基づき規制を緩和して学校教育の自由化をすすめることが提言されると，改革の動きはさらに加速した．さらに 1990 年代以降，行財政改革が進行する中で，教育に関しても規制緩和や地方分権の必要性が叫ばれてきた．昨今の少子化傾向や個性化志向，「消費者意識」の高まりを受けて，規制緩和による学校教育の多様化が進められてきた．その一環として「教育特区」の試みがある．

　「教育特区」とは，規制の特例措置により新たな事業を認めることで地域を活性化させようとする「構造改革特別区域法」(2002 年施行)に基づき，教育に関して指定された地域である．「教育特区」の認定を受けると，学校教育法や学習指導要領などの規制に縛られず，新しい独自の教育実践を展開することができる．そのひとつに，新たに株式会社や NPO 法人が学校を設置することが

可能になったことが挙げられる[4]．

2008年度からは「教育課程特例校」として，文部科学大臣の指定により特別の教育課程の編成・実施が可能となっており，教育課程に関する規制を緩め，特色ある教育実践に取り組む設置者（都道府県，市区町村，学校法人等）が増えている．

(2) 学校制度体系の問い直し
1) 小中一貫教育

小学校6年生と中学校1年生との間で，不登校生徒数やいじめの件数が急増することから，学校種の違いによる段差（「中1ギャップ」）があると考えられている．小学校から中学校に移るときに経験する差異とは，学級担任制から教科担任制へと移行するため学習の仕方や教師との関係が変わることや，生徒指導の考え方が大きく変化することなどである．それらの違いは，生徒にとっては大きな「段差」としてとらえられるようであり，つまずきが多くみられる．

そこで，学校間の「段差」を小さくし，スムーズに中学校教育に移行できるよう，小学校と中学校の連携を強化する「小中一貫教育」が広がっている．広島県呉市が2000年に研究開発学校として取り組み始めたのを皮切りに，小中一貫教育は全国に広がっている．文部科学省の調べによると，小中一貫教育や小中連携教育を実施している市区町村は，全体の81%に及ぶ[5]（2017年3月1日時点）．地域により，小中一貫教育の導入の理由やその形態，取り組みの内容はさまざまであるが，義務教育段階におけるこれまでの学校の在り方を問い直す試みであることは間違いない．

さらに学校教育法の一部改正により，2016年4月から，学校教育法第1条に「学校」と定められている9種類目に「心身の発達に応じて，義務教育として行われる普通教育を基礎的なものから一貫して施すことを目的」とする「義務教育学校」が加わった．これは，各自治体で取り組んできた小中一貫教育を制度化するもので，従来の小学校と中学校をそれぞれ前期課程，後期課程とし，義務教育9年間を見通した教育目標や教育課程を設定し，9年を一貫して教育

する学校である．2018年度現在，82校の義務教育学校があり，その数は年々増加傾向にある．

2）中高一貫教育

中高一貫教育には，中等教育の6年間を一貫して行う「中等教育学校」[6]のほか，設置者が同一の中学校と高等学校を接続する「併設型」や，同一または異なる設置者による中学校と高等学校が教育課程の編成や教員・生徒の交流などで連携する「連携型」があり，1998年より公立学校でも選択的に導入されてきている．2018年現在，「併設型」490校，「連携型」92校が存在し，中等教育学校（53校）と合わせると中高一貫教育を行う学校は635校，高等学校全体の約12.8%に達する[7]．

中高一貫教育は「中等教育」制度の見直しにつながるが，それは同時に，初等教育以降の「複線化」を促進することになると考えられる（文部科学省は「中等教育の多様化」と位置づけている）．

3）幼保小一貫教育

小学校に入学した1年生が，「座って先生の話を聞く」というような，授業や集団生活のルールを理解できず，学校生活に適応できないことが問題（いわゆる「小1プロブレム」）となっている．幼稚園や保育所で行われていた遊び中心の生活とは異なり，小学校では規則的な時間の区切りや空間・人間関係の秩序の中で学習を行うため，そのギャップの大きさから生じるとされる．

このような状況に対し，東京都品川区教育委員会が2010年，区内全域で幼稚園・保育所と小学校との一貫教育を進める独自のカリキュラムを作成するなど，全国的に幼保小一貫教育が進展している．このような取り組みは，すべての子どもに初等教育以前の教育を義務づけることに等しく，「義務教育」の開始年齢や学校教育への適応の在り方などが問われることになる．

4）「飛び入学」・早期卒業制度

明治時代の「等級制」が廃止されてから後，日本の学校教育においては学年を飛び越えて進級・進学することは認められていなかった．しかし1997年の学校教育法改正により，高校2年修了後，大学への「飛び入学」が認められ

るようになった（当初は数学・物理分野に限っていたが，2001年度より全分野で可能になった）．また，一部の大学では特に優秀な学生を対象に3年を終えた時点で卒業できる早期卒業制度を設けているほか，一部の大学院では大学3年次終了から大学院への「飛び入学」を認めている．これらの措置は主流ではないものの，日本の学校教育制度の在り方を変えるものであるといえるだろう．

3. 学校の「時間」，「空間」の問い直し
(1) 学校の「時間」の改革
1) 学　期

4月から年度が始まる日本の小・中・高等学校では，1年を3つに区切る「3学期制」が主流であった．一般的には4月～7月を1学期，9月～12月を2学期，1月～3月を3学期とし，学期の間にはそれぞれ夏休み（夏季休業），冬休み（冬季休業），春休み（春季休業）[8]を置いている．

ところが，各学期の授業日数は均等ではなく，特に3学期は短くなりがちであるため，教育課程の編成や児童・生徒に対する評価の際に無理が生じていた．加えて，昨今の学力低下の原因を，学校週5日制に伴う授業時間数の減少に求める意見も少なくなかった．このような問題に対処するため，10月頃に学期の区切りを入れる「2学期制」が採り入れられるようになってきた．「2学期制」のもとでは，それぞれの学期にほぼ同じ日数を割り当ててより計画的な学習活動を可能にしたり，期末評価や始業式・終業式等の学校行事の回数を減らして授業時数を確保したりできる．その他に「4学期制」や，2カ月ごとに区切りを設ける「5学期制」を採用する学校も存在し，試行錯誤が続いている．

2)「1単位時間」の工夫

「1単位時間」は50分（小学校は45分）と定められてきたが，子どもの発達段階や学習活動の内容にかかわらず一律に設定されるため，このような時間設定はしばしば批判されてきた．また，2017年3月告示の新学習指導要領において，小学校3・4年生に外国語活動（年間35単位時間）が，小学校5・6年生に外国語（年間70単位時間）が新設されたことにより，児童の授業時間の増

加への適切な対応が求められている．そこで，15分ほどの短い時間をひとつの単位（モジュール）として，学習内容により適宜組み合わせて時間を設定する「モジュラー・スケジューリング」を採用する学校が増えてきた．たとえば，ドリルや復習など短時間で集中的に行う学習は15分，長い時間をかける必要がある学習の場合には75分や90分に設定する，といった具合である．また，1単位時間はあくまでも「標準」であるとし，「47分」のように弾力的に運用することによって，教科の授業時数の確保を工夫している学校もみられる．

(2) 学校の「空間」の改革
1) 新しい校舎・教室の設計

1980年代頃より，多様化した教育方法に対応するべく，教室の廊下側に壁を設けない（あるいは可動式の壁を設ける）オープン・スペース型の教室設計（オープン・プラン）が散見されるようになった．グループ学習や調べ学習の際に，あるいは学級の枠を越えて学習を行う際などに，空間を広げて利用することができる．他にも，生徒が教科専用に設けられた教室に移動する教科教室型（教科センター方式）の校舎設計を採用する学校もある．この場合，授業を担当する教師を生徒が普通教室で待ち受けるのではなく，生徒が主体的に授業を受けに行くスタイルに否応なく変化する．

近年では，学校と他の施設（老人ホームや保育園，図書館など公共の施設）を一体化した複合化施設として校舎を設計したり，少子化に伴って空いた教室を地域に開放し，学校関係者以外の人びとが利用したりすることも増えている．

このように学校の「空間」の設計や使い方を変えることは，「学級」や「学校」で区切られた人間関係や教師―生徒関係の在り方など，学校をとりまく人間関係を問い直すことにもつながるだろう．

2) 通学区域制度の見直し

1987年の臨時教育審議会第3次答申以降，いじめ等に対する対応や学校選択の機会を拡大することを主な目的として，義務教育段階における通学区域制度の見直しが検討されてきた．そして2002年の学校教育法施行規則改正によ

り，市町村教育委員会が児童・生徒の就学すべき学校を指定する際に，保護者の意見を聴取することができるようになった．つまり，通学区域が弾力化され，事実上，複数の学校から就学する学校を保護者が選択できるようになったことを意味する．一方で義務教育段階における通学区域の弾力化は，学校と地域との結びつきを弱めたり，学校選択により競争を生じさせ，学校間格差を広げたりすることが懸念されている．

公立高等学校では戦後の「高校三原則」に，通学区域内の進学希望者をすべて受け入れる「小学区制」を置き，「地域に根ざした高校」を想定していた．なかには，学校間格差を解消するために合格者を学区内の高校に振り分ける総合選抜（学校群，合同選抜）制度を導入していた都府県も一部あったものの，実際には学区内の複数の高校から進学先を選択できる中学区制や大学区制を採っていた．さらに2001年に「地方教育行政の組織及び運営に関する法律」が改正され，高等学校の通学区域を指定する義務が廃止された結果，学区制限を設けない都県が増えた．その結果，学区制限を廃止することで特定の高校に人気が集中し，その学校の近隣に居住する生徒が遠方の学校へ進学せざるを得ない状況や，定員割れなども生じている．

4.「学校」という場で学習することの問い直し

不登校児童・生徒が増加するに従い，こうした子どもたちの学習や人間関係の構築を支援する場が求められてきた．そのひとつとして，1990年代から活動を展開してきた「フリースクール」[9]と呼ばれる民間の教育施設がある．

フリースクール等の教育施設は学校教育法第1条に定める「学校」ではない．したがって，正規の「学校」の卒業資格は得られないし，それを条件とする資格試験・入学試験等の受験資格も得ることができない．しかし逆に，法や学習指導要領に縛られない独自の教育を行うことができるため，「学校」が肌に合わず不登校になった子どもたちにとっては魅力的な，「学校」以外に教育を受ける選択肢のひとつになっている．現在は，学校長の判断により，フリースクール等の教育施設に通って学習した期間を，在籍する小・中学校への出席と

みなすことが可能になっている．さらに 2004 年には「教育特区」の認定を受け，不登校の児童・生徒を対象として小中一貫教育を行う，八王子市立高尾山学園が開校した．これは，「学校」が苦手な子どもたちに対して，「学校」がどのように支援できるのかを問う試みであるといえよう．

　一方で，義務教育ではない高等学校の場合，不登校生徒に対する支援は遅れてきた．不登校による出席日数の不足は単位の不認定に直結し，原級留置（いわゆる「留年」）の措置がとられることになる．そのために高校を中途退学した生徒や中学時代に不登校を経験した生徒が学習する場として，高等学校通信制課程（以下，「通信制高校」と称する）の存在が大きい．通信制は添削指導（レポート）と面接授業（スクーリング）および試験によって，卒業に必要な単位を修得するしくみである．通信制高校では毎日通学する必要がなく，自分のペースで学習できるという利点があるため，少子化を背景に全体的な学校数は減少傾向にある中，増加の一途をたどっている[10]．しかし一方で，独学の場合には学習のモチベーションを維持することが難しく，一般的に卒業率が低いといわれる[11]．

　そこで，通信制高校に在籍する生徒の学習を支援するため，塾や予備校を母体に「サポート校」と呼ばれる民間の教育施設が 1990 年前後から活動を展開してきた．「サポート校」では通信制高校と密接な連携をとり，生徒を頻繁に「サポート校」へ通学させ，通信制高校のレポート指導や補完的な学習支援を行っている．また，学校行事やクラブ活動を取り入れて，「高校生」の生活を体験させる活動を行っていることが多い．なお現在，「サポート校」のいくつかはその経験を基に，「教育特区」の認定を受けて通信制高校を設立している．

　さらに，各家庭におけるパソコンやインターネットの普及により，各種の情報通信技術を利用した通信教育（e ラーニング）が展開されている．電子メールや電子掲示板，ビデオ配信などのツールを駆使することで，学校に通う必要がなく，いつでも，どこでも学習が可能になりつつある．しかしそのことは逆に，「学校」に通うことの意義や必要性が問われる事態を引き起こしているともいえよう．

5. あらためて，今，「学校」を捉えなおす

　日本の学校教育は，戦後40年を経た頃から反省とともに徐々に改革が進められてきた．さらに21世紀に入ると，学校を支えてきた法制度や慣習に大きくメスが入れられ，それは現在も進行中である．時代や社会の変化，あるいは人びとの多様なニーズに応じて制度を改めることは，不可欠なことである．

　しかし，日本の学校の歴史を紐解くと，過酷な労働から子どもを保護し，国家の発展に寄与する人材の育成のために発展してきた，欧米諸国の近代学校制度の発展と軌を一にしていた．そして戦後日本の学校は，戦前の学校教育に対する反省から，すべての子どもに教育を受ける機会や教育の内容および環境を保障するものとして制度化され，発展してきたものであった．ところが近年，学校を縛る規制が緩和され，「どの学校でどのような教育を受けるか」だけではなく，「学校で教育を受けるかどうか」さえも選択することが可能になりつつある．だからこそ，今，私たちはあらためて，「学校」の在り方や意味を問い直し，「学校」を捉える視点をバージョンアップしていく必要があるといえるだろう．

注）
1) 一定の学力を保障するためには，従来の「年齢主義」を見直し，義務教育段階であっても原級留置を施すべきである，という考えがあり，中央教育審議会でも審議がなされた（中央教育審議会，2005）．なお，高等学校（後期中等教育段階）以降では，一定の教育課程を修得することによって進級や課程修了が認められる「課程主義」（ないしは「修得主義」）をとっている．
2) 児童・生徒数がいちじるしく少ないなどの事情がある場合，数学年の児童・生徒を1学級に編成することがある（複式学級）．
3) 高等学校の場合，選択科目が多いこともあり，学習集団と生活集団（ホームルーム）とは必ずしも一致するものではない．
4) 学校を設置することができるのは，原則として国（国立大学法人を含む），地方公共団体（公立大学法人を含む），学校法人の3つに限られている．
5) 文部科学省初等中等教育局「小中一貫教育の導入状況調査の結果（平成29年度）」(http://www.mext.go.jp/a_menu/shotou/ikkan/__icsFiles/afieldfile/2017/09/08/1395183_01.pdf)　2018年12月17日アクセス．

6) 1998 年の学校教育法一部改正によって新たに学校の一種として仲間入りした．
7) 平成 30 年度学校基本調査（速報）の結果より算出．
8) 春季休業は，正確には学年末休業と学年始休業とを合わせたものである．
9) 1960 ～ 1970 年代に欧米で発展した，従来の画一的な学校教育を否定して，子どもを中心に教育を行う施設も「フリースクール」と呼ばれている．しかし日本では，そうした意味での「フリースクール」の実践は多くはなく，不登校児童・生徒のためのノンフォーマルな教育施設を指すことが多い．
10) 2018 年現在の通信制課程を有する学校は 252 校である（通信制課程のみの独立校・通信制課程と全日制課程や定時制課程との併置校を含む）．この数は，30 年前（1988 年，85 校）の約 3 倍である．
11) 通信制高校では，在籍可能な年数が長い（あるいは上限を定めていない）ため，卒業に至った生徒の割合を正確に算出することが困難である．

引用・参考文献
市川昭午『臨教審以後の教育政策』教育開発研究所，1995 年
喜多明人『学校施設の歴史と法制』エイデル研究所，1986 年
教育解放研究会編『学校のモノ語り』東方出版，2000 年
崎谷実穂『ネットの高校，はじめました．新設校「N 高」の教育革命』KADOKAWA，2017 年
佐藤秀夫『学校教育うらおもて事典』小学館，2000 年
田中節雄『近代公教育―装置と主体』社会評論社，1996 年
手島純編著『通信制高校のすべて 「いつでも，どこでも，だれでも」の学校』彩流社，2017 年
中央教育審議会『義務教育に係る諸制度の在り方について（初等中等教育分科会の審議のまとめ）』2005 年（http://www.mext.go.jp/b_menu/shingi/chukyo/chukyo0/toushin/05082301.htm） 2018 年 12 月 17 日アクセス．
藤田英典『教育改革』岩波新書，1997 年

第6章　教師をどう捉えるか

1. 教師とは何か
(1) 教師という用語

　教育を論じる際,「先生」「教師」「教員」「教諭」などといった用語を実に上手に使い分けている。私たちは,どのような場面でそれらの用語を使用しているのか。『広辞苑(第六版)』(岩波書店, 2008)によると,「教師」は,学術・技芸を教える資格をもっている人を意味する。「教師」は,「先生」と類似しているが,敬称としては使われない。「教師」のなかでも,学校に勤務し,学術・技芸を教える人が「教員」である。「教諭」も「教員」と似ているが,それは,学校教育法に定められた職名で,幼稚園で保育,小中高で教育を行う人を意味する。

(2) 教師の地位

　教師の地位はどうなっているのか。ここでは,教師一般ではなく,学校に勤務する「教員」に限定して,関連する法律を拾い上げ,検討する。

1) 教員になる前

　まず,どうすれば学校の教員になれるのか。1949年に公布された教育職員免許法(以下,教免法)に詳しく書かれている。教免法は,教員の免許に関する基準であり,教員の資質の保持と向上を図ることを目的としている。第3条で,教員になるためには,教育職員免許状(以下,教員免許状)を有する必要があることが記されている。教員免許状は,大学などの養成機関で,所定の単位を修得した者が,授与権者(都道府県教育委員会)に申請し,取得することができる。通常,普通免許状を取得するが,その他に特別免許状,臨時免許状もある。[1)
　教員免許状を取得したら,すぐに教員になれるわけではない。都道府県及び

政令指定都市で行われる教員採用試験に合格し，名簿に登載された者が晴れて教員となる．

2）教員になってから後

　教員になったら，どうなるのか．教育に関する幾つかの法律から，教員の地位に関するものを拾い上げ，検討する．

　まず，日本の教育に関する根本的な法律である教育基本法（以下，教基法）では，どう位置づけられているのか．現行の教基法は，1947年に公布された教育基本法を改正し，2006年に公布された．教基法は，教育に関するさまざまな法令の運用や解釈の基準を定めている．第9条に，教員の身分・待遇に関する保障が記されている．

　次に，日本の学校教育制度の根幹を定める学校教育法で教員はどう位置づけられているのか．1947年に公布された学校教育法は，幼稚園，小学校，中学校，高等学校，中等教育学校，特別支援学校，大学，高等専門学校のほか，専修学校や各種学校などに関するさまざまなことを定めている．第7条で，学校に教員をおく必要があることが記されている．第8条で，教員の資格に関して記されているが，前掲した教育職員免許法の方が詳しい．

　最後に，公務員に関する幾つかの法律から，教員の地位に関するものを拾い上げ，検討する．

　国家公務員法で教員はどう位置づけられているのか．1947年に公布された国家公務員法は，国家公務員について適用すべき各般の根本基準について定めている．国家公務員法には，教員，教育職員という項目はなく，職員として記されている．

　地方公務員法で教員はどう位置づけられているのか．1950年に公布された地方公務員法は，地方公務員について適用すべき各般の根本基準について定めている．国家公務員法とは異なり，第57条に，教職員という用語が記されている．

　教育公務員特例法では，どう位置づけられているのか．1949年に公布された教育公務員特例法は，公務員のうち教育を通じて国民全体に奉仕する教育公

務員の任免，給与，分限，懲戒，服務及び研修等について定めている．地方公務員法でも教員の職務と特殊性に触れていたが，教育公務員特例法では，さらに具体的な記述となっている．

学校教育の水準の維持向上のための義務教育諸学校の教育職員の人材確保に関する特別措置法（以下，人確法）では，どう位置づけられているのか．1974年に公布された人確法は，義務教育諸学校に優れた人材を確保するため，義務教育諸学校の教育職員の給与等について定めている．第3条で，一般の公務員よりも優遇した給与を保障することになっている．しかし，教員の経済的待遇はさほど良くないことを，佐藤学氏が指摘している[3]．

私たちの住んでいる社会をこれからも維持・発展させていくためにも，教育の力を無視することはできない．そのために，教育を担う教員の地位が，上記の法律に記されているように，今後ともしっかり保障される必要がある．

2. 教師に期待されていることは何か

(1) イメージとしての教師像

ある中学校を訪問した際，学校案内をいただいた．そこには，学校の教育目標，経営目標，指導目標などが記され，それらをもとに，めざす学校像，生徒像，教師像が記されていた．

教師像には，以下の5つが記されていた．①人間性豊かな教師，②生徒を大切にする教師，③指導力のある教師，④使命感を持つ教師，⑤生き方を教え，努力する教師．教師像[4]というのは，現実ではない．期待や願望が投影され，目標とされるものである．この学校の教師像というのは，この学校の教師に対する期待である．多くの学校で，このような教師像が描かれる．

(2) さまざまな教師像

この5つの教師像を大まかに整理してみると，大きく3つに分かれる．先達としての人生指導（①，④，⑤），教科の専門家としての教科指導（②，③），子どもの相談相手としての生徒指導（②），に分けられる．

1）先達
　教師は，児童・生徒が誤った行動をしないように，先達として児童・生徒を導く．教師は，誤った行動をしない聖職者として捉える考えである．
2）教科の専門家
　世界史を教える教師は，世界の歴史に精通している．教師を専門家として捉える考えである．
3）子どもの相談相手
　教師は，児童・生徒が心に悩みを持っているとき，相談相手として児童・生徒に寄り添う．教師をカウンセラーとして捉える考えである．
　学校案内には掲げられないが，さらに2つの教師像がある．
4）労働者
　教師は，学校に勤務し，賃金をもらって生活している．教師を労働者として捉える考えである．
5）サービス提供者
　労働者として捉える考えを，児童・生徒や親の視点から見たのが，サービス提供者として捉える考えである．

　先達，教科の専門家，子どもの相談相手，労働者，サービス提供者である教師は，その期待に応えられなかった場合，さまざまな非難を受けることになる．

　中学校の学校案内をもとに，一般的な教師像に関して述べてきた．時代の要請によって，教師像も少しずつ変わってきている．近年，教師に期待されることが多くなってきている．そして，期待されていることが本当に行われているかが問われるようになってきている．

　教師もひとりの人間であり，ひとりの教師ができることは限られている．児童・生徒のためを思う教師像を伸ばしていくことも大事であるが，一人ひとりの教師に何ができるかをしっかり見極めることも必要である．

3．教師の一日はどのようなものか

　教師はとにかく忙しい．教師の一日を大まかに概観する．

時刻		8	9	10	11	12	13	14	15	16	17	18	19
内容	授業準備	登校指導	職員朝礼	朝の会	1時間目	2時間目	3時間目	4時間目	昼食指導	清掃指導	5時間目	6時間目	帰りの会	部活動	児童・生徒への対応 保護者への対応 企画の準備 他の教師との連携 明日の準備

〈授業準備〉 教師は，児童・生徒が学校に来る前に学校に出勤する．学校に着いたら，その日のさまざまな準備を行う．朝の会で連絡する事項を確認する．
〈職員朝礼〉 職員朝礼で，教師は，その日の学校全体の連絡事項を確認する．諸費の徴収，健康安全対策（避難訓練，インフルエンザ蔓延防止）などの諸注意を確認する．
〈朝の会〉 朝の会で，連絡事項を伝達する．「調子の悪い子はいないか」を意識しながら，児童・生徒の状況を確認する．調子の悪い児童・生徒がいれば，保健室へ行かせたり，早退させたりする．
〈授業〉 授業を行う．専科の教師が担当しなければ小学校の教師はほとんど出ずっぱりである．専門の教科をもっている中・高の教師は，担当教科以外の時間は，授業の準備などを行う．学級担任であれば，問題の対応を行う．
〈昼食指導〉 小・中学校では給食指導がある．中学校は，給食がないところもある．給食がない場合，教室に出向き，生徒の様子を窺う．
〈清掃指導〉 昼食後や下校前に，清掃指導がある．児童・生徒は清掃をさぼろうとするので，怠けている児童・生徒を見つけ，指導する．
〈帰りの会〉 授業がすべて終われば，帰りの会で児童・生徒に連絡事項（宿題，持参物など）を伝達する．
〈部活動〉 児童・生徒の中には，下校する者もいれば，部活動をする者もいる．教師は，部活動を指導する．
〈明日の準備〉 部活動の指導が終われば，自分の仕事ができる．翌日の準備を行う．

図 6-1 教師の一日

　教師は，朝 7 時前後に出勤し，夕方遅くまで多くのことをしている．自分の授業以外に，たとえば，問題を抱える児童・生徒への対応（不登校，いじめ・校内暴力・非行への対応），保護者への対応（参観日，三者面談，家庭訪問，PTA 活動，諸費の徴収），他の教師との連携（学年，教科，校務分掌），企画の準備（入学式・卒業式，始業式・終業式，学校公開〈運動会・体育祭，学芸会・文化祭〉，校外実習〈修学旅行，林間学校，移動教室，遠足〉，定期試験），その他（調査書作り，教育実習生の受け入れ）などをしている．
　管理職（校長，副校長，主幹教諭等）になれば，授業で拘束されることは少

なくなるが，学校の管理責任を担っている．また，PTA や町内会などの地域との連携，教育委員会との連携も必要とされている．職員室などのスケジュール表を見ると，管理職が多忙であることがよくわかる．

学校というのは，児童・生徒の学力を伸ばすところである．その意味では，授業ができなければ，良い教師といえない．しかし，現在の教師は，いろいろな役目をこなさなければいけない．

4. より良い教員の確保をどうするのか
(1) 教員養成の過去と現在

教員養成のしくみは，戦前と戦後で異なっている．戦前は，教員養成に特化した学校があり，その学校を出た者が基本的に教員となっていた．初等学校教員を主として養成したのが，各府県に1校程度設置された師範学校・女子師範学校である[5]．中等学校教員を主として養成したのが，全国に6校設置された高等師範学校・女子高等師範学校である[6]．これらの学校の生徒は，授業料が無償で，生活も保障された．卒業後も，教員として働くことができたので，貧しい家の優秀な子弟が入学し，卒業し，教員となる例も多かった[7]．戦後，連合国軍最高司令官総司令部（GHQ/SCAP）は，日本の民主化を進めるため，アメリカから教育使節団を招いた．使節団は，1946年に第一次報告書を提出した[8]．報告書には，師範学校制度を解体し，アメリカに倣って大学で教員養成を行うことが記された．その結果，教育学部や教育学科を持たない大学でも，プログラム（教職課程）を準備し，文部省に申請し，課程認定を受ければ，教員養成を行うことができるようになった（開放制教師教育）．

戦後70年を経た教員養成も，時々の状況に応じ，変化してきた．教員養成を行っている大学は，文部科学省にその都度必要なプログラムを申請し，課程認定を受けてきた．2019年度から，教職課程コアカリキュラムにもとづく新課程となる．教員養成の質保証という流れでコアカリキュラムは登場し，教職科目それぞれの目標，内容などが示された．

1990年以降の30余年近くの主要な変化を示すと，以下の通りである．表

6-1 から，教員養成で現在問われているのは，授業力と子ども理解力である．つまり，教科内容について理解し，それらを上手に児童・生徒に教えられる教員（教科教育，総合的な学習の時間の指導法）の養成と，いろいろな児童・生徒が教室にはいるので，その一人ひとりにあった指導ができる教員（教育相談，特別支援教育論）の養成を期待していることがわかる．

表 6-1　1990 年代以降のプログラムの変化

1990 年	教育実習の事前・事後指導の義務化
1998 年	小中学校：介護等体験の義務化
1999 年	中学校：教科教育法の単位増，教育実習の期間の延長，教育相談の単位増
2013 年	「教職実践演習」の義務化
2019 年	教職課程コアカリキュラム 「特別支援教育論」，「総合的な学習の時間の指導法」の義務化

2013 年から義務化された教職実践演習が教育実習後に配置された．この教職実践演習は，教職課程の集大成であり，教員として求められることを再確認させる場であることがわかる．

(2) 教員採用の過去と現在

教員採用のしくみは，子どもの出生数，教員の退職者数，教員の養成数などと関係している．子どもが多く，教員が不足した時代と子どもが少なく，教員が過剰な時代では，教員採用のしくみは異なる．

1971 年から 1974 年まで，日本では人口が急増した．第 2 次ベビーブームである．その時期に生まれた子どもが小学校に入学し始めた 1970 年代半ばから，大学教育をほぼ終えた 1990 年代半ばにかけて，小中高大と段階的に教員が不足した．当時は，教員を志願すれば教員になれると言われるほど，教員になりやすかった．そのため，「でもしか先生」[9]という蔑称が流行った．

1990 年代初めから，教員採用は減ってきた．第 2 次ベビーブームが去り，

それまでに採用した教員の過剰がささやかれるようになった．1998年度採用予定の倍率で東京都の高校・地理歴史では，263倍の競争率をつけた．

2005年頃から，子どもの数は増えていないが，小学校での教員採用数が徐々に増えてきた．団塊世代の教員が退職し始めたからである．2008年の教員採用試験では，関東圏で競争率が3倍を割るところも出てきた．関東圏の教育委員会では，「これ以上の低倍率になると，優秀な教員が集まらないのではないか」と危惧し始めた．一方，地方の採用試験では，相変わらず高い倍率をつけたり，採用0といった県も出てきた．地方は，まだまだ「冬の時代」である．そこで，関東圏の教育委員会では，地方に出向き，採用試験を行い，関東圏に来てもらおうという動きも出てきている[10]．

しかし，問題なのは，今また若い教員を大量採用してしまうことにより，教員の年齢構成などに偏りが生じないかということである[11]．教員の給与は，年齢やそれまでの経験を加味したものとなっている．雇用者側からみれば，予算が限られているので，若い教員をより多く採用したくなる．しかし，少子化がまだ続いているので，団塊世代の大量退職が一段落すると，教員採用は困難になる．結果的に，1990年代のような「冬の時代」が来るかもしれない．

都道府県及び政令指定都市の教育委員会では，「冬の時代」が来ないようにさまざまな準備をしている．応募者の年齢制限を緩和する動きもそのひとつである．新卒だけを採用するのではなく，さまざまな社会経験を積んでいる者も採用することで，教員の年齢別構成の弊害をなくそうとしている．

(3) 教員研修の過去と現在

教員研修のしくみは，その時々の教育問題と密接に関わっている．以下，代表的な教員研修について検討する．

1) 法定研修

1949年に公布された教育公務員特例法は，教員の研修について細かく記している．

教育公務員特例法には，教員研修に関し，第21条で「その職責を遂行する

ために，絶えず研究と修養に努めなければならない」と記されている．教員は，この研修を有効に活用することが必要である．なかでも法定研修として記されているのは，第23条に記された1年目教員向けの初任者研修と，第24条で示された勤続10年目教員向けの10年経験者研修である[12]．

2007年の法改正で，指導が不適切な教員への指導の改善に関する研修として，指導改善研修が追加された．指導改善研修が追加されたのは，文部科学省（以下，文科省）が指導力不足の教員に関する状況調査（2006年4月現在）を実施し，全国で506名（新規246名）の教員が指導力不足であることを確認したからである．教育委員会が指導改善研修を適切に行えるように，文科省は2008年に「指導が不適切な教員に対する人事管理システムのガイドライン」を作成した．ガイドラインでは，不適切な指導として，① 教科に関する知識が不足し学習指導ができない，② 指導方法が不適切で学習指導ができない，③ 児童・生徒を理解できないので，学級経営・生徒指導ができないの3つが明示された[13]．

先の状況調査では，指導力不足教員が年々増加していることも明らかにされた[14]．指導力不足教員が学校にいると，授業は成立しないし，児童・生徒との会話もままならない．さまざまな支障を来すことは明らかである．しかし，指導力不足教員も，採用時には指導力不足ではなかったはずである．近年，指導力不足教員が増加する背景についてじっくり検討する必要がある．

2）教職大学院

日本の教員養成は，戦後，大学等の養成機関を中心に行われてきた．中央教育審議会は，教員に対するより高い専門性を求める社会的な要求に応えるため，教員養成を大学院に移すことに関し，審議を行い，2006年「今後の教員養成・免許制度の在り方について」（答申）で，教員養成に特化した専門職大学院，「教職大学院」制度の創設を提言した．2007年，文科省は，「教職大学院設立に関する省令等（専門職大学院設置基準及び学位規則の一部を改正する省令）」を公布し，2008年4月，教職大学院が開設された．

力量ある教員養成のモデルを制度的に提示し，学部段階を始めとする教員養

成に対してより効果的な取り組みを促すために，教職大学院では，① 実践的な指導力を備えた新人教員の養成と② 現職教員向けにスクールリーダー（中核的中堅教員）の養成を行うことにした．

教職大学院では，カリキュラムの枠組み（体系的・共通的に開設すべき授業科目の領域）が明確化されている．事例研究，授業観察・分析，フィールドワークなどを取り入れた指導方法で理論と実践の融合を図る教育をめざしている．

3) 教員免許更新制

2007年に教育職員免許法が改正され，2009年4月から教員免許更新制が導入されることとなった．

教員養成の現場では，「教員免許を取っても10年しかもたない．取っても無駄」といった情報が流れ，教職課程履修者の減少を招いた．学校現場でも「不適格教員を排除するためのものである」といった情報が流れ，かなりの混乱を来した．

そこで，文科省は，免許更新制のポイントを4点に整理し，周知徹底をはかっている．①更新制の目的は，その時々で教員として必要な最新の知識技能を身につけること．②新免許状(2009年4月1日以降に授与された教員免許状)に10年間の有効期間が付されること．③2年間で30時間以上の免許状更新講習の受講・修了が必要となること．④旧免許状を取得した者にも更新制の基本的な枠組みを適用すること．

教員免許更新制に関して，「その時々で教員として必要な資質能力が保持されるよう，定期的に最新の知識技能を身に付けることで，教員が自信と誇りを持って教壇に立ち，社会の尊敬と信頼を得ることを目指し」，「不適格教員を排除することを目的としたものではない」と文科省は言及している．

免許状更新講習は，大学等の養成機関が文部科学大臣の認定を受けて開設し，受講者が最新の知識・技能の修得を目的とするものである．2008年度に予備講習が始まり，2009年度から全国で実施されてきている．

	(a) 新免許状	(b) 旧免許状		
		(現職教員等)	(実習助手等)	(現職教員等以外)
免許状の失効	有効期限までに講習を受講・修了しなかったら失効する	修了確認期限までに講習を受講・修了しなかったら失効する	受講義務がない．修了確認期限を過ぎても失効しない	受講できない．修了確認期限を過ぎても失効しない
免許状の返納	必要なし	免許管理者に免許状を返納する	必要なし	
更新講習	講習を受講・修了すれば，教壇に立つことができる（新たに有効な新免許状を再授与される）	講習を受講・修了すれば，教壇に立つことができる	受講可能となった後講習を受講・修了すれば，教壇に立つことができる	

更新講習をどう考えるのか．現場の教員側からみれば，最先端の知識や方法を修得することで授業実践や教育相談などに活用できるといった利点がある．大学側からみれば，現場の教員とのパイプができ，より実践的な指導ができるといった利点がある．しかしながら，開講する大学等の養成機関にとっても，受講する教員にとっても，時間的にも，経済的にも大きな負担である．

注）
1) 普通免許状には，修士の学位を必要とする専修免許状，学士の学位を必要とする一種免許状，短期大学士の学位を必要とする二種免許状がある（教育職員免許法 第4条）．
2) 私立学校などでは，私学適性検査や独自の教員採用試験を行い，教員を採用している．
3) 佐藤学「教師教育の危機と改革の原理的検討―グランド・デザインの前提―」日本教師教育学会『日本の教師教育改革』学事出版，2008年，p.21.
4) 文部科学省は教員の資質・能力に関して，どのように考えているのか．1997年の教育職員養成審議会第一次答申には，「教員に求められる資質能力」が記されている．2005年の中央教育審議会「新しい時代の義務教育を創造する」（答申）には「優れた教師の条件」が記されている．
5) 戦後，これらの学校は，多くの国立大学の教育学部に引き継がれた．
6) 戦後，これらの学校は，東京教育大学（現，筑波大学），広島大学，金沢大学，お茶の水女子大学，奈良女子大学等に引き継がれた．

7) 天野郁夫『教育と日本の近代　学歴の社会史』平凡社，2005年，p.232．
8) 村井実訳『アメリカ教育使節団報告書』講談社，1979年．
9) でもしか先生は，教員になるのにふさわしい意欲や能力がないという意味で，「先生に〈でも〉なるか」といって教員になった人，「先生に〈しか〉なれない」といった動機から教員になった人を揶揄した表現である．用語を調べていく内に，もうひとつ別の意味も見つけた．「デモしかしない先生」を意味する「デモしか先生」である．これは，1950～60年代頃に，授業そっちのけで勤評活動や安保闘争等の組合活動に従事する教師を皮肉った表現である．
10) 「主張　教育確保策　こんな競争は歓迎したい」『産経新聞』2009年6月22日朝刊に東京都教育委員会の新たな採用策について記述されている．
11) 教育実習の指導にも影響が出ている．横浜市教育委員会では，2017年度から，若い教員でも教育実習の担当ができるようにマニュアルを整備している．
12) 初任者研修は，1988（昭和63）年の法改正で，10年経験者研修は，2002（平成14）年の法改正で追加された．
13) http://www.mext.go.jp/a_menu/shotou/jinji/08022711.htm （2018年12月11日アクセス）
14) 2000年65名，2001年149名，2002年289名，2003年481名，2004年566名と増加している．

引用・参考文献
市川須美子ほか『教育小六法 平成30年版』学陽書房，2018年
稲田百合ほか『小学校版　新任・新人教師必携マニュアル　新任教師のしごと』小学館，2006年
解説教育六法編修委員会『解説教育六法2018 平成30年版』三省堂，2018年
中央教育審議会「今後の教員養成・免許制度の在り方について（中間報告）」2005年12月8日
中央教育審議会「今後の教員給与の在り方について（答申）」2007年3月29日
ディアドラ・ラフテリー（立石弘道訳）『ヴィジュアル版　教師の歴史』国書刊行会，2018年
広田照幸監修，油布佐和子編『リーディングス日本の教育と社会⑮　教師という仕事』日本図書センター，2009年
宮崎猛・小泉博明監修『中学校・高校版　新任・新人教師必携マニュアル　新任教師のしごと』小学館，2007年
望月重信編『教師学と私』学文社，2003年
文部科学省初等中等教育局教職員課「パンフレット：魅力ある教員を求めて」
　http://www.mext.go.jp/a_menu/shotou/miryoku/03072301/001.pdf （2018年12月

11日アクセス)
山﨑英則・西村正登編『求められる教師像と教員養成——教職原論』ミネルヴァ書房，2001年
油布佐和子編『シリーズ子どもと教育の社会学5　教師の現在・教職の未来——明日の教師像を模索する』教育出版，1999年

第7章　子どもをどう捉えるか

　スイスの教育家ペスタロッチ（Johann Heinrich Pestalozzi, 1746～1827）が書いた『隠者の夕暮れ』は，「玉座の上にあっても木の葉の蔭に住まって同じ人間，その本質からみた人間，一体彼は何であるか．」という有名なフレーズから始まる．人間とは何か，子どもとは何かを考えたことがあるだろうか．親や教師など子どもと接する者は，改めて子どもとは何かを考える必要がある．

1. 子どもを理解する

　かつては誰もが子どもであった．そのため，なんとなく"子ども"を理解しているつもりでいることも多い．そして，自分の今までの経験や知識をもとに作られた"子どもとはこうだ"といった子ども像を基準として指導する．たとえば小学校低学年の女の子が，真っ赤な口紅をつけて登校してきた時，"小学生らしくない""学校や授業を受けるには，ふさわしくない"等の理由から，何らかの形で指導が入るであろう．このように自分が抱く"らしさ"は，子どもを褒めたり叱ったりする際のある種の基準となる．では子どもとは何だろうか？　そして今の子どもをどう捉えるべきなのだろうか．

　近年スポーツ界や部活動における体罰的指導が問題となることがある．しかし当事者に話を聞くと，"指導とは何か""体罰とは何か"についての世代間の認識のずれが散見される[1]．年長の指導者たちは，自分の選手時代，指導という名の懲罰的なしごきを受けて，一定の結果を出してきた世代である．長時間のランニングやノックなど，選手を徹底的に追い込むことで「選手の自分の限界と思っているラインを超えさせるのに必要」「気合いを入れ直すことができる」等と懲罰的なしごきを，効果ある指導として肯定的に受け止めることは珍しくない．しかし古い時代の指導スタイルは，今の選手には行き過ぎた懲罰的なし

ごきと受け止められてしまうことがある.

　文部科学省では，2013年に「運動部活動での指導のガイドライン[2)]」を設定し，運動部活動での指導の充実のために必要と考えられる7つの事項をまとめている．その中で5点目として，「⑤肉体的，精神的な負荷や厳しい指導と体罰等の許されない指導とをしっかりと区別（12頁）」する必要性がうたわれているが，たとえば，通常のスポーツ指導による肉体的，精神的な負荷として考えられる例として
・バレーボールで，レシーブの技能向上の一方法であることを理解させた上で，様々な角度から反復してボールを投げてレシーブをさせる．
・柔道で，安全上受け身をとれることが必須であることを理解させ，初心者の生徒に対して，毎日，技に対応できるような様々な受け身を反復して行わせる．（13頁）

が挙げられている．いずれも反復して運動をさせる場合，まずはその練習の意義を生徒に理解させ，それから練習することが求められている．

　しかし古い世代の者からすれば，レシーブや受け身を練習することは競技をする上での基本であり，意義を説明しなくても常識的にわかっているだろう，と考える．また，仮に理解できていなかったとしても，いつかは意義がわかるだろうと考える．そして説明をすることなく，練習に時間をかけるだろう．しかし現代の指導では，まずは生徒に対して練習の意義を説明し納得させてから，練習をはじめることが求められる．

　このように“子どもとは何か”だけでなく，“指導”が意味するものも，時代や社会によって変化をしている．意識変革を求めてガイドラインを定めても体罰がなかなかなくならないのは，こうした指導者層と選手層の間の認識のずれがあるからである．2015年度，部活動を通じた体罰が中学校で95件，高校で100件（文部科学省）報告されている．われわれは，自分のリアリティある経験をもとに，行動や判断をしがちである．しかし一見同じものに見えたとしても，今を生きる子どもはわれわれの子ども時代とは異なっている．意識を変えることは非常に難しい．しかし，①子どもらしさや子どもの実態は，社会や時

代によって変化をしていくこと，②今を生きる子どもや変化する社会を理解して対応すること，を意識し，実践に活かそうとする姿勢が強く求められているのである．

2. 情報化社会の中で育つ子どもたち
―子どもと大人の境界線の揺らぎ―

　子どもとは何か，という問いをたてる前提として，「大人とは違う存在としての子ども」がある．大人であれば自立や自己責任が求められる．その一方で，子どもが働くことは禁止されており，逆に庇護の対象として受け止められている．こうした"大人と違った存在としての子ども"という捉え方は，どの時代どの社会でも常に変わることのない捉え方だと思うかもしれない．

　しかし，たとえばフランスの社会史家アリエス（Philippe Ariès, 1914～1984）は，『子どもの誕生』という本の中で，子ども概念は近代の産物であると主張している．近代以前の社会では，子どもは遊びや家業の手伝い，徒弟修行といった日常生活の中で，社会人として必要な労働能力を身につけていった．現代のような"働く大人"と"働かせてはいけない子ども"のような2分される位置づけではなく，大人と子どもはいわば熟練工と見習いのような関係性であった．そして日常生活の延長線上に大人があり，子どもたちは成長していくと自然と大人社会の中に溶け込んでいったのである．

　しかし産業化に伴い，親の仕事を継がないことが当たり前の社会になると，親の教育力に限界が生じる．自分とは異なった職業につく子どもに対して，親が職業教育をすることはできないからである．そしてそこに，多くの人びとが学校で学ぶ必要性が生じる．学校に行くことが当たり前になれば，学齢期が生まれる．そして学齢期が定着すれば，「働く大人」と「働かせず学校に行く子ども」のように，はっきりとした境界が作り出される．

　しかし，アリエスが読み解いたように近代の学校制度が子どもを誕生させたとしても，情報化社会の到来によって，再びこの境界が揺らいでいる．「子ども期は，歴史の一時期につくりだされ，現在消滅しつつある社会的概念である

(6頁)」とし,「特に印刷機が,どのように子ども期をつくりだしたか,エレクトロニクスのメディアが,どのように子ども期を〈消滅させつつあるか〉(9頁)」を論じたのはポストマン(Neil Postman, 1931～2003)である.

　印刷機の登場は,誰もが安価に本を手に取ることができる社会を作り出し,本から誰もが知識や情報にアクセスすることを可能とした.ただし知識を得るためには,文字を読みこなす能力が必要となる.そこに,(読み書き能力を身につけた)大人と(読み書きできない)子どもの有意な差がうみだされたという.

　しかしエレクトロニクスのメディアが登場し,伝達の手段が活字から映像へと拡大したことで,文字が読めることは知識を得るための唯一無二の条件ではなくなる.さらに情報をキャッチしたり,日々刷新される情報機器を使いこなす速さは,子どもの方が大人世代より優れていることも珍しくない.エレクトロニクスのメディアが,大人と子どもの立場の逆転すらありえる社会を作り出したのである.このように,「大人でない存在としての子ども」「大人の庇護を受ける対象としての子ども」といった私たちにとって当たり前の感覚は,社会の変化の中で産み出され,社会の変化によって再び揺らぐ不確実なものである.

　またネット世界の特徴も,子どもと大人の境界を曖昧なものとする.ひとつは知識の壁の弱化である.現実世界では,大人かどうかは見てわかるため,大人の領分と子どもの領分は,ある程度分離していた.しかし匿名性が保たれるネット世界では,性や暴力といった子どもが知るには早すぎる情報が,現実社会に比べればはるかに容易に入手できてしまう.フィルタリング機能を使ったとしても,その制限には限界があり,子どもが知らない大人の世界は縮小しつつあるのである.

　またネット世界が変化させたものは,大人向けの知識や情報の壁だけではない.大人と子どもの世界も近づいていく.現実世界では親族や教育的な関係性以外,大人と子どもが親密な関係性を結ぶことはほとんどない.小学生と通りすがりの大人が公園などで知り合い,一緒に食事をしたり遊びに行ったりすることはない.しかし互いの素性がわからないネットのコミュニティサイトでは,中学生が大人に人生のアドバイスをすることすらある.ネット世界では,きわ

めて容易に大人と子どもは交差してしまうのである．

表7-1は，警視庁が公表したコミュニティサイトと出会い系サイトを利用したことで被害にあった児童数の推移をまとめたものである．

表7-1　コミュニティサイト及び出会い系サイトに起因する事犯の被害児童数の推移（件）

	2008	2009	2010	2011	2012	2013	2014	2015	2016
コミュニティサイト	792	1136	1239	1085	1076	1293	1421	1652	1736
出会い系サイト	724	453	254	282	218	159	152	93	42
総数	1516	1589	1492	1377	1234	1452	1573	1745	1778

出所）サイバー犯罪対策　統計（警視庁）「平成29年上半期におけるコミュニティサイト等に起因する事犯の現状と対策について」

　出会い系サイトの利用に起因する児童買春その他の犯罪から児童を保護し，児童の健全な育成に資することを目的とし，「出会い系サイト規制法（正式名称：インターネット異性紹介事業を利用して児童を牽引する行為の規制等に関する法律）」が2003年に制定された．しかし法律制定後も犯罪が多発していたため，①出会い系サイトの18歳未満の利用は禁止，②運営側にはフィルタリングサービスの提供に努めなければならない等，2008年に法律が改正された．改正以降，出会い系サイトを利用して児童が被害を受けるケースは減少傾向にある．しかし法律によって大人と子どもが分離され，被害児童が減少したわけではない．出会うネット上の場所が移動しただけであり，規制がないコミュニティサイトを通して犯罪被害にあう児童は増加し，被害総数自体も2008年の1516件から2016年には1778件へと増加している．

　また，このエレクトロニクスのメディアの登場・普及は，大人と子どもの境界の揺らぎだけでなく，子どもの実態にも変化をもたらしている．

　バスや電車の中で，スマートフォンを操作し，ゲームをしたり，メッセージを送りあう姿をよく見かける．スマートフォンの低価格化や，GPSで子どもの安全を確認したいといった親のニーズによって，携帯電話・スマートフォンは急速に子どもたちに浸透していった．2015年全国学力・学習状況調査（文部科学省）では，小学校6年生の携帯電話・スマートフォンの所有率は58.0％，

自分の携帯電話・スマートフォンを持つ小学生が多数派の時代である．しかし少し前までは，携帯電話やスマートフォンは大人が使うツールであった．携帯電話やスマートフォンの代わりに，1990年代まではマンガやマンガ雑誌が子どもの通学時間を埋めていたものである．

　代表的な少年誌である『週刊少年ジャンプ』を例に取り上げてみる．『週刊少年ジャンプ』は，小中学生の男子をメインターゲットとして作られている雑誌であるが，1968年の創刊時の公称発行部数は，わずか10万5000部であった．『週刊少年ジャンプ』の特徴のひとつに，読者アンケートとその積極的な活用がある．読者アンケートの評価が，作品の打ち切りや継続の重要な鍵となっている．読者アンケートを通じて，編集者ではなく読者の評価を反映した紙面作りが可能となり，年々売り上げを伸ばしていった．ピーク時の1995年3・4合併号は，653万部と歴代最高部数を記録する．ちなみに同年の総人口は1億2557万人，0–14歳人口は2003万人（1995年「国勢調査」）であることから，653万部という売り上げがいかに驚異的なものであるかがわかるだろう．

　しかしテレビゲームの台頭により，『週刊少年ジャンプ』の売り上げは減少していく．1980年には任天堂の「ゲーム＆ウオッチ」が発売され，国内1300万台の売り上げを記録する．そして，1989年にはゲームボーイ，2004年にはニンテンドーDSが発売されるなど，各種携帯型ゲーム機が販売を伸ばし，逆にマンガやマンガ雑誌の売り上げは低迷していく．さらに1994年から携帯電話にゲームがプリインストールされるようになる．そして携帯電話やスマートフォンで遊ぶゲーム（以下，スマホゲーム）の質があがるにつれ，マンガだけでなく携帯型ゲーム機やゲームソフトの売り上げも減少していく．ピーク時に653万部も売り上げた『週刊少年ジャンプ』に関しては，2017年7～9月間の平均発行部数は184万部（ピーク時の約3割）まで大幅に減少している．こうしたマンガ⇒携帯型ゲーム機⇒スマホゲームという子どもの遊びの変化は，子どもにどういう変化をもたらしたのだろうか．

　『週刊少年ジャンプ』は友情・努力・勝利を三大原則とし，掲載作品のテーマに最低ひとつは入れることを編集方針としている．そして三大原則は，「チー

ムで努力した結果つかみとった勝利」「勝者と敗者の間の友情」といった相互に関連し合い，描かれることが多い．そのため，当時の青少年は毎週毎週『少年ジャンプ』を読みながら，友情や努力，勝利は素晴らしいものと，受け止めていたものである．

　また，専用ゲーム機を使ったゲームからスマホゲームへという流れの意味は，単にゲームをする機器が変更したことだけでない．両者の間では，ゲーム自体が質的に異なる部分が多いのである．スマホゲームは課金を誘導するために，パズルやカードゲームのような一回のプレイ時間は短くされている．また深く考えたり感じたりするものよりも直感的に遊べるものが多く，いい時間つぶしになる．それに対して携帯型ゲーム機のゲームは，家庭用ゲーム機の流れをくんでいるため，クリアするのに何十時間もかかることは珍しくなかった．そして何十時間も飽きずに遊べるだけの，深いストーリー性をもつゲームがいくつも存在した．この仮想現実の壮大なストーリーの中で，子どもたちは冒険をし，友情の大切さを疑似体験したものである．

　かつて子どもたちは，現実世界でメンコやゴム跳びなど実際に友だちと遊ぶことで友情の大切さを実感した．マンガ雑誌やゲームが主流になると，頭の中で疑似体験をしながら，友情の大切さを理解し，憧れた．しかしスマホゲームにそうしたドラマは含まれない．勝つことへの渇望をおぼえるかもしれないが，人間関係や心が動く余地がほとんどない．こうした遊びの変質は，友情・努力・勝利にあまり価値をおかない子どもを作り出していく．

3. ファンタジーなき時代の子どもたち

　『東京朝日新聞』に連載され，1921年に出版された中勘助の『銀の匙』は，子どもの目線から情景を丁寧に描き出した私小説である．スローリーディングという授業実践を橋本武が行ったとき，テキストとして選んだ本として近年再評価されている．

　当時の灘校では，ひとりの先生がひとつの教科を中学・高校の6年間，持ち上がりで担当していた．そして橋本が国語の授業を担当するに当たり，中学三

年間でたった一冊の本をじっくりと読み込み味わい尽くすことで,一生役立つ学ぶ力を育成することを計画したのである.テキストとして選ばれた『銀の匙』に,「あのほのかなまんまるの圀に兎がひとりで餅をついてるとは無垢にして好奇心にみちた子供の心になんというれしいことであろう.月の光があかるくなればふわふわとついてあるく影法師を追って,陰やとうろをする(68頁).」という文章がある.

作者である中勘助(1885～1965)は,神田(東京都)の地に藩士の子どもとして1885年に誕生した.1885年当時,男子の小学校就学率は65.8%,女子は32.1%と,小学校にすら通えない者も多かった時代である.そんな時代に,子どもたちは満月を眺め,月の模様から餅つきをする兎を思い,月がどういう世界なのか思いをはせる.活字から知識が伝達されていた時代,文字を読みこなすことができない子どもは日常生活にある,さまざまな不思議に対して好奇心を働かせていたものである.

しかしインターネットの普及した現代では,疑問を入力すれば「(とりあえずの)答え」を瞬時に得ることができてしまう.文字の読み書きができなかったとしても,音声入力や動画によって簡単に(とりあえずの)答えが得られてしまう.たとえば「月でのうさぎの餅つき」とインプットすれば,これは伝説であり,月には兎はおろか生物が全くいないこと,兎にみえるものは溶岩の塊にすぎないことがすぐわかってしまう.

昔,子どものまわりにはたくさんの謎があった.そして答えにたどり着くためには,読み書きを身につけるだけでなく,図書館に足を運んだり,たくさんの本を読んで調べるなど,努力をしなければなかなか答えにたどり着かなかった.すぐには解けないたくさんの謎に囲まれていた時代,答えをどうにかして知りたい,勉強して答えを知りたい,といった意欲は子どもたちの中に自然と育まれていたのである.

4. 子どもの居場所―大人社会の中で育つ子どもたち―

子ども社会に変化をもたらしたものに,共働き世帯の増加が挙げられる.

図7-1 にまとめたように，1980年には男性が主な働き手となる片働き世帯が主流であった．しかし共働き世帯が継続的に増加をし，1997年には共働き世帯が片働き世帯数を上回るようになった．そして核家族と共働き世帯の増加により，保育園や学童保育のニーズが高まっていく．長時間預けることが可能な保育園を利用する児童は，全体の35.9％．0歳児の保育利用に限っては，全体の11.4％（「保育所関連状況取りまとめ（2014年4月1日）厚生労働省」）となっており，今の子どもは，幼い頃から長時間家庭外の施設で育てられていることがわかる．

かつて就学前の子どもは，祖父母や母親など肉親に見守られながら，家の中で自由な時間を過ごしていた．そして小学校中学年頃になると親を離れて行動するようになり，活動の場が家から外へと広がっていく．そして遊ぶ公園が一緒だったといった偶然から，子どもたちだけで仲間集団を形成し，行動を共にするようになる．親や教師から離れ，仲間を大切にしはじめるこの時期のこと

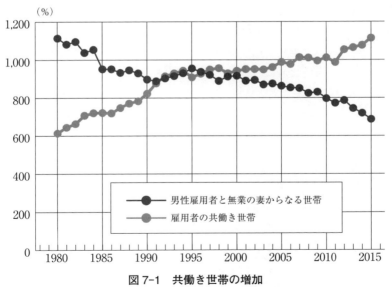

図7-1　共働き世帯の増加

出所）内閣府「平成28年度版　子ども・子育て白書」，総務省「労働力調査」

を，ギャングエイジ（gang age）と呼ぶ．

　依田（1974）は，この時期の特徴を「8歳以後においては，児童だけの集団（ギャング）が発達し，ジャン・ピアジェ（Jean Piaget, 1896〜1980）によって明らかにされたように，自発的協働と同意との相互性に基づく相互的義務（すべてのものに対する同じ権利と罰）を属性とする平等な公平が支配する児童集団において自主的に規則が制定され，自立的に遵守されてゆく」と述べたが，この子どもの仲間集団はとても重要である．

　子どもの仲間集団における社会化の特徴として，田中（2016）は以下の二点を挙げている．
・「他人性の存在」の経験であり，自分とは異なる他者との葛藤状態を経験することで，仲間集団を維持するためには，仲間を考慮しつつ，自分勝手にならないよう自己統制することの重要性を理解していく．この「他人性の存在」の経験から，自己中心性から脱皮し，人間関係の調整能力を身につける．
・他律的道徳から自律的道徳への移行を経験する．今までは大人による他律的道徳に従っていた子どもが，仲間同士で形成した集団を維持するために，自分たちがつくった規範・規則を遵守するようになる．

　こうしたギャングエイジ期に獲得できた経験は，家庭や学校といった大人が管理・統制する場では身につきにくい．たとえば集団や社会との関わりについて，学校での指導内容から見ていこう．特別な教科道徳編の学習指導要領（2017年告示）の内容項目として，「C. 主として集団や社会との関わりに関すること」があり，「子どもが法やきまりの意義を理解した上で守ること」を観点としている．しかしギャングエイジ期の特徴である，自分たちの集団を維持するために，自分たちできまりをつくること，までは求められていない．ギャングエイジ期を経た古い世代たちは，自分はその仲間集団の一員であり，その集団を維持するために自律的な道徳に沿って活動するようになっていく．しかし，大人の作った集団に入れられ，そこのルールに従うことを求められて育つ今の子どもたちにとって，社会参加・社会貢献の意識は育まれにくい時代であるともいえるだろう．

5. 大人社会の約束—子どもの権利条約—

　ここまでは，日本の文脈の中での子どもの変化について見てきたが，最後に外部からの変革の力となる「子どもの権利条約」の影響を考える必要がある．

　子どもの権利条約 (Convention on the Rights of the Child) とは，1989年11月の国連会議で採択され，1990年に発行された国際条約である．この条約は，2つの大戦で多数の子どもが犠牲になったことを反省し，一人ひとりの子ども（18歳未満）の健やかな発達や，人権の主体であることを保障することをめざして制定されたものである．日本も1994年に正式に批准をしたため，子どもの権利条約にうたわれている条約内容の実現が求められている．

　子どもの権利条約の特徴のひとつに，「子どもの権利委員会（児童の権利に関する委員会）」の常設がある．締約国は条約内容が実現されているのか，「子どもの権利委員会」に対して五年ごとに実施状況を報告することが義務づけられている．その報告をうけて「子どもの権利委員会」は問題点について指摘をし，改善するよう勧告する．そのため，子どもの権利条約が子どもや子どもを取り巻く社会環境に対して与える影響は，非常に大きいものがある．

　さらに子どもの権利条約は，地球規模で，子どもを取り巻く環境を改善しようとする取り組みである．そのため，たとえば教育と体罰を混同しやすいといった日本の悪しき慣習を断ち切り，よりよい社会を作るいいきっかけとなりうる．実際，2010年に出された「第三回　子どもの権利委員会の総括所見」では，学校において体罰やいじめがはびこっていることへの懸念が示され，体罰といじめの根絶のための包括的な対策をとることが勧告されている．

　「子どもの権利委員会」の総括所見を通して，日本の子どもの現状を外部から客観的に把握することができる．第三回の総括所見では，子どもの意見は尊重されず，自らの権利について十分な知識を持たないまま，強いストレスにさらされている，と指摘されている．

　子どもの権利条約の内容は，これから先，私たち大人社会が進むべき道を示してくれている．子どもを取り巻くさまざまな問題点を理解し，これから先，子どもをどう育んでいくのかを考えるときのいい手がかりとなるだろう．

注)
1) 体操の宮川選手に対する度重なる暴力行為によって処分を受けた速見佑斗コーチが2018年9月5日に行った謝罪会見において，自身が選手だった幼少期に「ほっぺたをたたかれたりする指導を受けていた．（その際）『教えてもらった』という感謝の気持ちを持っていて，そういう感覚が自分の根底にあった」と釈明している．
2) 大阪市立桜宮高校での体罰事案＊を受け，「運動部活動の在り方に関する調査研究協力者会議」を設置，「運動部活動の在り方に関する調査報告書」の中に「運動部活動での指導のガイドライン」が盛り込まれている（pp.5-16）．
　＊バスケットボール部のキャプテンが，顧問の男性教諭からの「指導」と称して日常的に体罰を受け，それを苦にするような文章を残して，2012年に自殺したもの．

引用・参考文献

ペスタロッチー（長田新訳）『隠者の夕暮れ』岩波文庫，1982年
依田新「道徳性の発達」，波多野完治・依田新編『児童心理学ハンドブック』（1974年・第15版），金子書房，1959年，p.355
田中理恵「子ども社会とは何か—ギャング・エイジの仲間集団的研究」子ども社会学会『子ども社会研究』22号，2016年．pp.5-17
文部科学省「運動部活動での指導のガイドライン」，2013年
文部科学省「小学校学習指導要領（平成29年告示）解説　特別の教科道徳編」2018年
文部科学省「中学校学習指導要領（平成29年告示）解説　特別の教科道徳編」2018年，
深谷昌志『子どもの生活史—明治から平成—』黎明書房，1996年
斎藤次郎『「少年ジャンプ」の時代』岩波書店，1996年
ニール・ポストマン（小柴一訳）『子どもはもういない』（改訂版）新樹社，2001年
フィリップ・アリエス（杉山光信・杉山恵美子訳）『〈子供〉の誕生アンシアン・レジーム期の子供と家族生活』みすず書房，1980年
中勘助『銀の匙』岩波文庫，1999年．
橋本武『〈銀の匙〉の国語授業（岩波ジュニア新書709）』岩波書店，2012年

第 8 章　生徒指導をどう捉えるか
―――いじめ問題の実態と分析―――

　いじめは，子どもたちはもちろんのこと，保護者にとっても非常に悩ましい問題である．それは，いじめが心を痛める出来事であるだけではなく，適切な対応がなされないと，非行や不登校など他の問題につながるのではないかと不安になるからである．そうであるがゆえに，ひとたびいじめが発生すれば，教師による解決への取り組みに対して，厳しい目が注がれることになる．教師にとって，いじめは間違った対応が許されない切実な問題であるといえよう．
　そこで，本章では，生徒指導のなかでも，とりわけさまざまな困難さを抱えるいじめの問題を取り上げることにする．具体的には，第1に，統計データからいじめの内実について概観する．第2に，いじめを捉えるとは，どういうことなのかを考える．第3に，いじめ問題への分析視角を考察する．

1. いじめの実態

　いじめとはどのようなものなのか．ここでは，「認知件数」，「態様」，「発見のきっかけ」，「現在の状況」，「認知（発生）件数の推移」の5つの側面からいじめの実態についてみていき，その対策についても検討することにする．

(1) 学年別にみた「いじめの認知件数」

　学年別にみたとき，「いじめの認知件数」は，どのような違いがあるのであろうか（図8-1参照）．第1に，小学2年生をピークとして，小学1年生，3年生のいじめ認知件数が多いことである．近年，「いじめの低年齢化」といわれている現象である．第2に，中学1年生で「いじめ認知件数」が飛び抜けていることである．これは，いわゆる「中1ギャップ」と呼ばれるものである．小学校から中学校へ移行するときに，さまざまな生徒指導上の問題が噴出すると

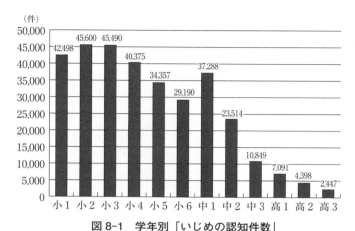

図 8-1 学年別「いじめの認知件数」

出所）文部科学省「2016年度児童生徒の問題行動・不登校等生徒指導上の諸問題に関する調査」より

いわれているもののひとつである．第3に，中学2年生から高校3年生になるに従って，「いじめの認知件数」が大きく減っていくことである．こうした傾向は，長年続いている．なぜ，中学2年生以上になると，「いじめの認知件数」は，減少するのであろうか．子どもは，成長するにつれて，善悪の判断ができるようになり，いじめをしなくなるのであろうか．あるいは，認知されていないいじめが，子どもたちの間に蔓延しているのであろうか．その他の理由は，…じっくり考えてみたい．

(2) 校種別にみた「いじめの態様」

校種別にみたとき，どのようないじめの特徴が見出せるであろうか（表8-1参照）．小学校と中学校では，「冷やかしやからかい，悪口や脅し文句，嫌なことを言われる」が6割以上となっており，一番多くなっている．次いで，「軽くぶつかられたり，遊ぶふりをして叩かれたり，蹴られたりする」，「仲間はずれ，集団による無視をされる」の項目が多くなっている．言葉の暴力，肉体的暴力，排除といったいじめに対して，注意を向ける必要がある．高校でも，前述の3項目の割合が高くなっているが，それ以外に「パソコンや携帯電話等で，

表 8-1　校種別「いじめの態様」(%)

	小学校	中学校	高校	特別支援学校
冷やかしからかい	61.7	65.7	62.0	51.0
軽くぶつけられる	24.0	15.3	12.2	23.1
仲間はずれ	15.6	14.3	14.9	7.7
ひどくぶつけられる	6.8	4.7	4.8	8.4
金品をたかられる	1.4	1.2	2.9	2.1
金品を隠される	6.2	5.9	5.9	4.3
嫌なことをされる	7.5	6.3	6.8	9.2
携帯電話等で嫌なことをされる	1.1	8.0	17.4	8.1
その他	4.6	3.5	4.7	5.7

注）複数回答。数値は，各区分における認知件数に対する割合。
出所）文部科学省「2016年度児童生徒の問題行動・不登校等生徒指導上の諸問題に関する調査」より

誹謗・中傷や嫌なことをされる」の割合も多くなっており，小中学生とは異なる傾向を示している．高校生では，スマホでのトラブルにも気をつけたい．特別支援学校では，「冷やかしからかい」と「軽くぶつけられる」に次いで，「嫌なことや恥ずかしいこと，危険なことをされたり，させられたりする」の割合が比較的に高くなっている．

(3) 校種別にみた「いじめ発見のきっかけ」

校種別にみたとき，いじめの発見のされ方に違いがあるのであろうか（表8-2参照）．「アンケート調査など学校の取組により発見」されるケースは，すべての校種で一番多くなっている．今後とも，学校は，いじめ発見にむけたさまざまなアプローチをすることが重要である．すべての校種とも，2番目に多いのが，「本人からの訴え」である．子どもたちの声に，十分に耳を傾ける必要がある．なお，「学級担任が発見」，「当該児童生徒（本人）の保護者からの訴え」も，すべての校種とも，一定の割合を占めている．子どもの身近にいる大人が，子どもたちの様子に，目を配ることも大切である．

表8-2　校種別主な「いじめの発見のきっかけ」(%)

	小学校	中学校	高校	特別支援学校
アンケート調査など学校の取組により発見	55.2	39.0	54.5	41.0
本人からの訴え	16.5	22.8	21.0	19.7
学級担任が発見	12.2	10.6	6.4	17.5
本人の保護者からの訴え	9.9	13.7	6.9	8.8

注) 数値は, 各区分における構成比.
出所) 文部科学省「2016年度児童生徒の問題行動・不登校等生徒指導上の諸問題に関する調査」より

(4) 校種別にみた「いじめの現在の状況」

発見されたいじめは, その後どうなっているのであろうか(表8-3参照). 小学校, 中学校, 高校では, 約9割のいじめが「解消」している[1]. また, 特別支援学校でも, 約8割のいじめが「解消」している. このデータは, 学校によって発見されたいじめの大半は, 解決していることを示している. なお, 近年, 文部科学省は, この「解消率」を重視している. すなわち,(いじめ認知件数の)「数字の多寡にかかわらず, 解消率が高いことが重要」,「解消率が高いなら, 数が多いのはむしろ積極的に取り組んでいる証拠」といった文章が公表されている[2].

表8-3　校種別「いじめの現在の状況」(%)

	解消	取組中	その他
小学校	91.2	8.6	0.2
中学校	88.9	10.7	0.5
高校	89.1	8.7	2.3
特別支援学校	79.0	20.4	0.5

出所) 文部科学省「2016年度児童生徒の問題行動・不登校等生徒指導上の諸問題に関する調査」より

(5) 「いじめの認知(発生)件数」の推移

いじめは, 多くなっているのであろうか, それとも少なくなっているのであろうか. 図8-2は, 1985年から現在に至る,「いじめの認知(発生)件数」の推移を示したものである. 1994年と2006年に, いじめの定義が変更されたため, 1985年から30年以上にわたる, いじめの増減について正確に述べることはできない. しかし, 大まかな流れをつかむことはできる. 図を見ると, 以下のことがわかる. 第1に, 1985年にピークがあり, その後急激に減少すること. 第2に, 1994年〜95年にピークがあり, その後減少に転じていること. 第3に,

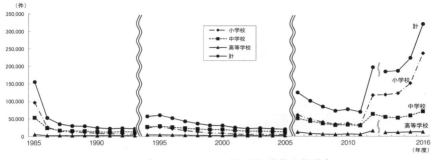

図 8-2 「いじめの認知（発生）件数の推移」

注）1993 年度までは公立小・中・高等学校を調査．1994 年度からは特殊教育諸学校，2006 年度からは国私立学校を含める．1994 年度及び 2006 年度に調査方法等を改めている．2005 年度までは発生件数，2006 年度からは認知件数．2013 度からは高等学校に通信制課程を含める．小学校には義務教育学校前期課程，中学校には義務教育学校後期課程及び中等教育学校前期課程，高等学校には中等教育学校後期課程を含む．
出所）文部科学省「2016 年度 児童生徒の問題行動・不登校等生徒指導上の諸問題に関する調査」より

2006 年に高い値を示し，翌年減少していること．第 4 に，2012 年にも急増し，それ以降は，「いじめの認知件数」は，上昇傾向にあることである．

(6) いじめ問題への対策

近年のいじめ問題への対策について，みてみることにする．まず，2011 年 10 月に，大津市で中学 2 年生の男子生徒が自殺をし，「いじめ事件」として大きく報道された．この事件をきっかけのひとつとして，「いじめ防止対策推進法」が，2013 年 9 月に施行された．重要なポイントは，2 つある．第 1 に，「いじめの定義」が次のように変更されたことである．「児童生徒に対して，当該児童生徒が在籍する学校に在籍している等当該児童生徒と一定の人的関係にある他の児童生徒が行う心理的又は物理的な影響を与える行為（インターネットを通じて行われるものを含む）であって，当該行為の対象となった児童生徒が心身の苦痛を感じているもの」（第 2 条）．このように，「いじめの定義」が法律によって初めて明確化されるとともに，いじめの範囲がネットを通じて行われるものも含めた点に特徴がある．第 2 に，「学校におけるいじめの防止」に関して，

「全ての教育活動を通じた道徳教育及び体験的活動の充実」を図るよう促していることである（第15条）．現在，道徳教育の強化が進んでいる．

また，「いじめの防止等のための基本的な方針」が2013年10月に出され，国，地方公共団体，学校が行うべきいじめ防止の役割が示された．これを受けて，「地方いじめ防止基本方針」，「学校いじめ防止基本方針」を策定するよう義務づけられた（地方自治体は努力義務）．ちなみに，いじめ対応等に関しては，2010年に文部科学省より示された「生徒指導提要」にも，目を通しておくと良い．

さらに，2017年3月には，いじめによる重大事態が発生した時の対応等が具体的に示された指針が発表された（「いじめの重大事態の調査に関するガイドライン」）．なお，「いじめの防止等のための基本的な方針」の改訂版も，2017年3月に発表され，いじめについて，学校内で情報を共有しないことは，「法律に違反し得る」と明記された．いじめ問題に対して，迅速に強力に対策を進めていくことが求められている．

2.「いじめを捉える」とは

(1) 10年前との比較から

今から約10年前の2007年度の学年別の「いじめの認知件数」をみてみよう（図8-3参照）．「いじめの認知件数」は，小学1年生から，徐々に増加していき，中学1年生の時にピークとなる．これは，前述したように「中1ギャップ」と呼ばれる現象である．図8-1の2016年度の学年別「いじめの認知件数」と比べてみると，特に小学生2，3年生の傾向が大きく異なっている．つまり，2007年度の小学2，3年生は，中学1年生の「いじめ認知件数」の半数以下なのに対して，2016年度の小学2，3年生は，中学1年生の「いじめの認知件数」よりも大幅に増加している．

この10年間で，小学2，3年生の「いじめの認知件数」は，なぜこんなに増加したのであろうか．ひとつは，「いじめの低年齢化」がすすんでいると考えられる．背景として，「学校の管理下における暴力行為発生件数」において，小

第 8 章　生徒指導をどう捉えるか　103

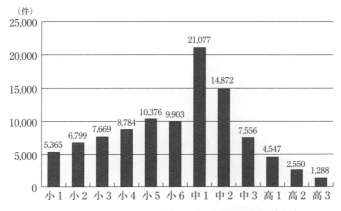

図 8-3　約 10 年前の学年別「いじめの認知件数」
出所）文部科学省「2007 年度児童生徒の問題行動等生徒指導上の諸問題に関する調査」より

学校での発生件数が急増していることが挙げられる（2014 年度：10,609 件，2015 年度：15,870 件，2016 年度：21,605 件[3]）．暴れる小学生が増加し，その結果，いじめも増加しているのかもしれない．もうひとつは，いじめに対して，より注意深く見つけ出そうという大人側の心境の変化があると考えられる．2013 年に「いじめ防止対策推進法」が施行されて以降，いじめ問題へ厳しい視線が送られている．いじめをより積極的に発見していこうという雰囲気が，学校内に広がっている．文部科学省も，「『認知件数』が少ない場合，教職員がいじめを見逃していたり，見過ごしていたりするのではないか，と考えるべき」と述べており，「いじめの認知件数」が増えることを奨励している様子がうかがえる[4]．こうした状況のなかで，以前であれば，子ども同士の「じゃれ合い」や「ふざけ合い」とみられていた行動が，いじめと認知されるようになってきているのかもしれない．

(2)「いじめの認知（発生）件数の推移」の背景

前述した「いじめの認知（発生）件数の推移」（図 8-2）について，補足説明する．「いじめの認知（発生）件数」が増加した 4 つの時期は，実はいじめ自殺事件が

大きく報道された時である．①1985年にいじめが原因とされる自殺が続発し，なかでももっともセンセーショナルだったのが，1986年2月に東京都中野区で起きた，中学2年生の男子生徒へのいじめ事件である．②1994年には，愛知県西尾市で中学2年生の男子生徒へのいじめ事件が起こった．③2006年には，北海道滝川市で小学6年生の女子児童へのいじめ事件が起こり，福岡県筑前町でも中学2年生の男子生徒へのいじめ事件が起こった．④2011年には，滋賀県大津市で中学2年生の男子生徒へのいじめ事件が起こった．マスメディアでいじめ自殺事件が大々的に報道されると，教師も保護者も，いじめ問題に対して敏感になる．その結果，ある時期に「いじめの認知（発生）件数」が大幅に増加することになるのである．

　このように，「いじめ」とは，人によって認知されるものである．いじめに対して，注意深く見ようとすれば，認知件数は増加する．逆に，ぼんやり見ていると，認知件数は減少する．いじめを捉えることには，人間の意識や社会の風潮が大きく影響を及ぼすと考えられる．そうした点で，いじめ問題は，きわめて社会学的なテーマであるといえる[5]．

3．「いじめ」への分析視角―「いじめの4層構造」を中心に―

　いじめ問題は，さまざまな意味で難しい．それを解きほぐす糸口となるのが，いじめ研究の知見である．もっとも有名ないじめ研究のひとつが，森田洋司らによる研究である[6]．

　森田は，今日的ないじめの特徴として，以下の6点を挙げている．すなわち，①大人の目の見えない部分で起こるようになり，いじめの可視性が低下していること．②「いじめっ子」と「いじめられっ子」の立場が固定せず，立場が入れ替わることがあること．③マイナスのスティグマだけではなく，プラスだと思われていたスティグマをもつ子どもも（まじめな子，正義感の強い子，成績のよい子），いじめの対象となり，スティグマが拡大していること．④いじめが集団化して行われること．⑤いじめに対して，個人の中にも，学級集団の中にも歯止めが無くなっていること．⑥いじめの方法に非行と関連した行為が用い

られるようになり，いじめと非行の接点が重なり合っていること．

また，いじめが学級集団内で行われることに注目し，「いじめの4層構造」を導き出した．4層とは，加害者（いじめっ子），被害者（いじめられっ子），観衆（いじめを面白がりはやしたている者），傍観者（いじめを見て見ぬふりをする者）である．このうち，「傍観者」が，見て見ぬふりをすることが，いじめを暗黙的に支持してしまうこと．しかし，「傍観者」が，いじめに対して否定的な反応（軽蔑，冷笑等）をすることで，いじめの抑止力となることが示された．

森田の知見は，3つの点で意義があった．第1に，今日のいじめは，かつて大人が経験したいじめとは質的に異なることを示した点．第2に，従来のいじめ研究で多くみられていた個人的な問題へ焦点づける研究から，いじめが発生する状況や社会の問題へ焦点づける研究へと転換した点．第3に，傍観者がいじめを抑止するという知見から，教師の学級経営や，生徒の自治能力の向上といったいじめ対策における新たな課題を提示した点が挙げられる．

いじめに関する研究は，私たちがいじめとどのように向きあえば良いのかを考える際に，非常に参考になるものである．いじめ問題は，さまざまな角度からみることによって，やっとその全体像をおぼろげながら理解することができる．今なお蓄積されつつある，いじめ研究の動向に目を配りながら，多様な分析視角を身につけたい[7]．

4. いじめと生徒指導

最後に，生徒指導の文脈からいじめ問題を考えてみることにする．

第1に，社会との関わりのなかで，子どもやいじめを捉える視点をもつことが重要である．子どもたちは，時代の空気を吸いながら生きている．子どもたちの生活世界も，社会と決して無縁ではない．そうであるならば，現代社会のあり様が，子どもたちのいじめに影響を及ぼしているといえる．実際に，社会の変化とともに，新しいタイプのいじめが出現し始めている．すなわち，前述したように，情報化，消費化が進む社会のなかで，高校生を中心として，スマホを用いたいじめが登場している．LINEの「既読無視」や「LINE外し」等

を巡って,「ネットいじめ」のトラブルが続発している.社会が変化していくなかで,いじめも変容していく.子どもを取り巻く社会へ思い巡らせていく構えが大切である.

　第2に,いじめを間主観的な問題として捉え,指導していくことが重要である.いじめ問題の難しさのひとつとして,いじめを的確に把握することが容易ではない点が挙げられる.それは,いじめがあったという事実は,被害者の主観に基礎を置いているからである.2013年に変更されたいじめの定義のなかにも,被害者が「心身の苦痛を感じているもの」という文言がある.いじめは,被害者が「どのように感じたのか」という主観にかかっているのである.たとえば,A君による軽い気持ちで発した一言が,B君を傷つけてしまい,いじめとして認定されることもありうるのである.いじめられた方はいじめと感じていても,いじめた方は全く気づいていない場合もある.こうした両者の主観のズレがある所に,いじめを把握する難しさがある.しかし,そのズレに気づかせ,ズレを修正し,関係を再確認・再構築することが,生徒指導上の重要な課題である.いじめという主観的な部分からはじまる問題を,間主観的な問題に転換するということである.それは,いじめにしっかり向き合うことで,児童生徒の他者理解,自己理解へとつなげていく試みである.そうした作業は,教師にとって,根気のいる教育実践に違いない.家庭や地域はもちろんのこと,関係諸機関と連携しながら,いじめ問題を解決していきたい.

　第3に,いじめが社会問題化する状況を考えることも重要である.現代日本社会は,豊かな社会となり,過去の日本と比べて,あるいは現代の世界の国々と比べて,新生児死亡率は,非常に低くなっている(『日本経済新聞』2018年2月20日付記事).また,現代日本社会では,少子化が進み,子どもの安全に対して,十分に配慮できる状況になっている.そうであるがゆえに,いじめが注目されるのであろうか.いじめが社会問題化する社会とは,いかなる社会なのであろうか.生徒指導の背景にある状況にも,目を向ける必要がある.

注）
1) 「解消している」状態とは，少なくとも次の2つの要件が満たされている必要がある．ただし，これらの要件が満たされる場合であっても，必要に応じ，他の事情も勘案して判断するものとする．①いじめに係る行為の解消；被害者に対する心理的又は物理的な影響を与える行為（インターネットを通じて行われるものを含む）が止んでいる状態が相当の期間継続していること．この相当の期間とは，少なくとも3ヶ月を目安とする．ただし，いじめの被害の重大性等からさらに長期の期間が必要であると判断される場合は，この目安にかかわらず，学校の設置者又は学校いじめ対策組織の判断により，より長期の期間を設定するものとする．②被害児童生徒が心身の苦痛を感じていないこと；いじめに係る行為が止んでいるかどうかを判断する時点において，被害児童生徒がいじめの行為により心身の苦痛を感じていないと認められること．被害児童生徒本人及びその保護者に対し，心身の苦痛を感じていないかどうかを面談等により確認する（文部科学省「2016年度児童生徒の問題行動・不登校等生徒指導上の諸問題に関する調査」より）．
2) 文部科学省国立教育政策研究所「生徒指導リーフ　Leaf.11　いじめの『認知件数』」2013年1月発行．
3) 文部科学省「2016年度児童生徒の問題行動・不登校等生徒指導上の諸問題に関する調査」．
4) 文部科学省国立教育政策研究所，2013年，前掲書．
5) なお，「いじめ」は定義されるものである．どのように定義するのかによって，「いじめの認知件数」は増えたり減ったりすると考えられる．また，同様に，「いじめが解消している」状態も，定義されるものである．どのように定義するのかによって，「解消したいじめ件数」が増えたり減ったりすると考えられる．そこには，いじめを捉える難しさが，横たわっている．
6) 森田洋司・清永賢二『いじめ－教室の病い』金子書房，1986年，pp.9-38．伊藤茂樹編著『リーディングス日本の教育と社会⑧　いじめ・不登校』日本図書センター，2007年
7) その他のいじめ研究に関しては，石井久雄「生徒指導をどう考えるか　～いじめ問題を中心に～」望月重信他編著『日本の教育を考える―現状と展望―（第3版）』（学文社，2016年，pp.122-142）で紹介している．

第9章　授業をどう捉えるか

1. 授業とは何か
(1) 一方通行の授業から双方向の授業へ

授業には，教師の側からすれば教えるべき内容，生徒の側からすれば学ぶべき内容がある．教師は，生徒の状況を見ながら，教えるべき内容を生徒が習得しやすいように教授する．生徒は，教師の示唆を得ながら，自らが学ぶべき内容を習得する．理想は，教師からの回路と生徒からの回路があり，どちらも開かれているということである．現実には，教師からの一方通行の授業が多い．

(2) 授業作りの流れ

教師は，日々の授業をどのように作っているのか．教師が日々行う授業作りの流れを示すと，図9-1のようになる．

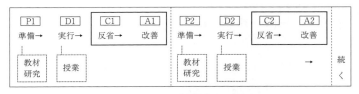

図9-1　日々の授業作りの流れ

P1 では，教材研究が行われる．D1 では，授業が行われる．C1 では，授業の結果をもとに反省が行われる．A1 では，反省をもとに改善が行われる．P2 では，再度，教材研究が行われる．教師は，PDCA を繰り返し行う．

2. 授業の準備・実行
(1) 生徒の状況の把握

　教師は，授業を作る前に，生徒が何を欲しているのか，これまでの学習でどのくらい理解しているのかを把握する．その際，生徒の感想，テスト，ノートの状況を活用する．完璧にわかる必要はない．状況が大まかにわかればよい．

　生徒の興味・関心を無視して，教師の興味・関心を前面に出しすぎると，授業は行き詰まってしまう．教師は，生徒の興味・関心を意識しながら，教師の興味・関心の方に誘う(いざな)ことが必要である．

(2) 学習目標・内容・方法の検討

　教師は，どのような目標で，どのような内容を，どのような方法で生徒に習得させるのか．

1）学習指導要領・教科書の検討

　学習指導要領や教科書は，どのような目標で，どのような内容を，どのような方法で生徒に学習させるかについて，国が示しているのものである．

① 学習指導要領

　中学校学習指導要領は，前文，総則，各教科，特別の教科道徳，総合的な学習の時間，特別活動の6つのパートからなっている．

　第2節の社会をみると，目標，各分野の目標及び内容，指導計画の作成と内容の取扱いの3つから構成されている．さらに，各分野の目標及び内容をみると，地理的分野，歴史的分野，公民的分野それぞれの目標，内容，内容の取扱いが示されている．

　学習指導要領には1時間ごとの手順は示されていない．教師に，授業展開は任されているが，学習指導要領の内容を把握しておく必要がある．その際，学習指導要領の全体構造と強調点（新旧の変化）を理解しておく必要がある．

② 教科書

　教師は，学習指導要領に準拠した教科書を中心に授業を作っている．授業に

表 9-1　中学校学習指導要領

```
前文
第1章　総則
第2章　各教科                  第1　目標
    第1節　国語                第2　各分野の目標及び内容
    第2節　社会 --------------- 〔地理的分野〕　＜略＞
    第3節　数学                〔歴史的分野〕　＜略＞
    第4節　理科                〔公民的分野〕
    第5節　音楽                  1　目標
    第6節　美術                  2　内容
    第7節　保健体育              3　内容の取扱い
    第8節　技術・家庭          第3　指導計画の作成と内容の取扱い
    第9節　外国語
第3章　特別の教科　道徳
第4章　総合的な学習の時間
第5章　特別活動
```

秀でた教師は，学校で使用する教科書だけでなく，別の教科書にも目を通し，授業を作っている．なぜなら同じ学習指導要領に基づいていても，教科書会社・執筆者が異なるだけで，記述が異なるからである．複数の教科書を比較することで，ひとつの教科書ではみえなかった部分が浮き彫りになる．

2) 授業実践の検討

自分が行おうとしている内容とほぼ同じ内容を取り扱っている授業構想・記録などは，授業作りに有効である．それらの構想・記録などをもとに，授業を行ってみるのも手である．ただし，内容的に古くなって活用しづらい面もある．常日頃，学校内外を問わず他の教師の授業を見て，授業記録を保存しておくのも手である．

3) 概説書，専門書の検討

教科書は，紙幅が限られているので，詳細には書かれていない．それを補完するものとして，概説書，専門書が有効である．それらを利用する際に注意すべき点は，授業時間内に収まるように，それらの論旨をうまく読み取ることである．

4) 他のメディアの検討

　他のメディアも，授業作りには有効である．たとえば，「元寇」に関するドキュメンタリー番組を，授業の中で生徒に視聴させ，考えさせるやり方もある．また，授業で視聴させるだけでなく，骨子をうまく読み取り，新たに授業化することも，効果的である．ドキュメンタリー番組以外にも映画，漫画なども，援用可能である．

5) 授業構成の検討

　学習指導要領・教科書から授業を作るための手だての一例を明らかにする[1]．「元寇」をもとにした授業作りについて，以下，具体的に検討する．

① 教科書を読む

　該当範囲（1時間分，見開き2頁程度）を読む．その際，教科書に何が書いてあるのかを考えながら読む．次に，該当範囲が含まれる章全体を読む．該当範囲がどのような位置にあるのかを考えながら読む．まとめとして，教科書に何が書かれているのかを整理する．

② 学習指導要領を読む

　授業と対応する『中学校学習指導要領解説・社会編』の頁を読む．単元設定理由，単元目標，本時の目標，評価を考えながら読む．まとめとして学習指導要領に何が書かれているのかを整理する．

③ 他の教科書，概説書，専門書，授業実践などを読む

　他の教科書会社の教科書や，異なる分野・学校段階の教科書，概説書，専門書，授業実践を読み，既存の教科書の記述とどのような違いがあるのか，授業にどのような点が取り入れられるかといった視点で再度整理する．

④ 単元全体の見出しを書き出す

　授業で使用する教科書の見出し（章名・節名）を取り出す（表9-2，左）．

⑤ 想定される単元構成と配当時間を考える

　教科書の見出しと配当時間をもとに，単元の構成をどうしたらよいのかを考える．教科書の見出しと同じになっても構わない（表9-2，右）．

　それでは，表9-2の中の2の①元寇と鎌倉幕府の衰退（1時間＋2時間）の

表9-2　教科書の見出しと想定される単元構成・配当時間

教科書の見出し（章名・節名） ④	想定される単元構成と配当時間 ⑤
第3章　中世の日本	中世の日本
2　東アジア世界とのかかわりと社会の変動	2　東アジア世界とのかかわりと社会の変動
①モンゴルの襲来と日本	①元寇と鎌倉幕府の衰退 （1時間＋2時間）
②南北朝の動乱と東アジアの変動	②南北朝の動乱と東アジアの状況 （1時間）
③室町幕府と経済の発展	③室町幕府と経済活動 （1時間）
④民衆の成長と戦国大名	④室町時代の人びとの生活 （1時間）
⑤室町文化とその広がり	⑤室町時代の文化 （1時間＋2時間）

出所）五味文彦ほか『新編新しい社会　歴史』東京書籍，2006年，pp.49-78より作成．

中の元寇の部分（1時間）を具体的に見てみよう．

⑥　知識の構造を整理する

本時に該当する部分の知識の構造を整理する．教科書に書かれている文ごとや段落ごとにどのような知識を生徒に最終的に習得させようとしているのかを明らかにする．それらを箇条書きにし，上位の知識（1. 2. 3. …），中位の知識（ 1) 2) 3) …），下位の知識（1　2　3　…）に区別する．それらを構造的に示したものが，表9-3の知識の構造である．

⑦　発問の系列を考える

本時に該当する部分の発問の系列を整理する．⑥で作成した知識ごとに，必要な発問を考える．[2] それらを箇条書きにし，最上位の発問 MQ（Main Question），上位の発問 Q（Question），中位の発問 SQ（Sub Question），下位の発問 SSQ（Sub Sub Question）に区別する．それらを構造的に示したものが，表9-4の発問の系列である．

表 9-3　知識の構造

習得させたい知識	教授・学習内容
モンゴル帝国の拡大	
1. モンゴル民族がユーラシア大陸の東西にまたがるモンゴル帝国（元）を築いた． 　1）チンギス・ハンがモンゴル民族を統一し，国家を建設した． 　2）チンギスの子孫が，ユーラシア大陸の東西にまたがる帝国を築いた． 　3）フビライは，元の皇帝となり，中国を支配した． 　　1　フビライは，都を大都に移した． 　　2　フビライは，国号をモンゴルから元と改め，その皇帝となった．	モンゴル帝国（元）の成立と拡大
2. ヨーロッパの人びとが中国全土を支配した元を訪れた． 　1）ヨーロッパから宣教師や商人が元を訪れた． 　2）元が南宋を滅ぼし，中国全土を支配した．	ヨーロッパ人の来航

（右側「まとめると」→，左側「まとめると」→）

出所）五味文彦ほか『新編新しい社会　歴史』東京書籍，2006 年，より作成．

表 9-4　発問の系列

想定される発問
MQ　モンゴル帝国（元）はどのように築かれたのか
Q1　モンゴル帝国（元）はどのように築かれたのか
SQ1　誰がどのようにしてモンゴル帝国を築いたのか
SQ2　モンゴル帝国はどのようにして領土を広げたのか
SQ3　誰がどのようにして中国を支配したのか
SSQ1　フビライ・ハンはどのようにして中国を支配したのか
SSQ2　遷都後，どのようにして中国を支配したのか
Q2　なぜヨーロッパの人びとが元を訪れたのか
SQ1　ヨーロッパからどのような人びとが元を訪れたのか
SQ2　なぜヨーロッパの宣教師や商人が元を訪れたのか

⑧　発問と知識の対応関係を吟味する

　⑦で作成した発問と，⑥で作成した知識を，表 9-5 の学習指導案（教授書形式）[3]の指導過程に入れ込む．発問と知識がうまく対応しているかを吟味する．スムーズに流れないところを確認し，調整する．

⑨ **必要な資料を探し，学習指導案の指導過程を完成させる**

他の教科書，概説書，専門書，授業実践などをもとに必要な資料を探し，発問と知識の対応関係を今一度再構成する．

表9-5 学習指導案（教授書形式）

		発問（MQ, Q, SQ, SSQ）および指示（D）	教授学習活動	習得させたい知識
導入	MQ	モンゴル帝国（元）はどのように築かれたのか	T（教師）：発問する	
モンゴル帝国の拡大	D1	モンゴル帝国（元）の版図を見せる	T:資料提示01	
	Q1	モンゴル帝国（元）はどのように築かれたのか	T:発問する	
			T:説明する	1.モンゴル民族がユーラシア大陸の東西にまたがるモンゴル帝国（元）を築いた．
	SQ1	誰がどのようにしてモンゴル帝国を築いたのか	T:発問する	
			T:説明する	1）チンギス・ハンがモンゴル民族を統一し，国家を建設した．
	SQ2	モンゴル帝国はどのようにして領土を広げたのか	T:発問する	
	D2	フビライ・ハンまでの家系図を見せる	T:資料提示02	
			T:説明する	2）チンギスの子孫が，ユーラシア大陸の東西にまたがる帝国を築いた．（＊モンゴル民族は，広い平原を素早く移動する強力な騎馬軍団を持っていた．モンゴル帝国は幾つかの国に分かれた．）
	SQ3	誰がどのようにして中国を支配したのか	T:発問する	
			T:説明する	3）フビライは，元の皇帝となり，中国を支配した．
	SSQ1	フビライはどのようにして中国を支配したのか	T:発問する	
	D3	モンゴル帝国と元の版図を比較させる	T:資料提示03	
			T:説明する	1 フビライは，都を大都に移した．

SSQ2 遷都後,どのようにして中国を支配したのか	T: 発問する	
	T: 説明する	2 フビライは,国号をモンゴルから元と改め,その皇帝となった.(＊国号を中国風の元とした.)

資料01 モンゴル帝国（元）の版図
資料02 フビライ・ハンまでの家系図
資料03 モンゴル帝国と元の版図

(3) 板書・資料の作成

　指導過程ができあがったら，生徒にわかりやすいように提示の仕方を考える．提示の仕方には，板書，プリント配布，ビデオ視聴，OHP視聴，OHC視聴，パワーポイント視聴などがある．それぞれ一長一短があるので，それぞれの掲示の仕方の特徴をよくつかんでおく必要がある．

　たとえば，プリントの場合，コピーし，切り貼りなどして資料を作成し，印刷する．その際，優れた教師は，以下の工夫を行っている．①資料が真っ黒けにならないように，適切な濃度でコピーし，印刷する．②整理しやすいように，資料のサイズ(A4サイズなど)を統一する．③パンチ穴を開けられるように，上下左右の適切な余白を取る．④資料が迷子にならないように，教科名，日時，氏名欄の枠を取る．⑤根拠を示すために，資料の出典を記す．

(4) 授業の実施

　最後に，今一度，目標，指導過程（内容，方法）について吟味する．何のためにこの授業をするのか，生徒にとって，この授業はどんな意味があるのか，社会科でいえば，社会を見る目を育てているのかを問う[4]．

　この学習指導案をもとに授業を行う．生身の生徒相手なので，実際は，学習指導案通りにはいかない．ベテランの教師であれば，今までの経験を生かしながら，微調整をして，授業を行う．

3. 授業の反省・改善

　授業分析は，実際に行った授業を検討し，反省し，次の授業に生かすことである．授業を通して，授業の目標が達成されたか，生徒に適した指導過程(内容，方法)となっていたか，授業前よりも，生徒は成長したか(新たな知識・技能を獲得したのか)を検討することが必要である．もし達成されていなければ，それが達成できるように，授業の目標，指導過程を修正することになる．

　授業分析には，さまざまな方法がある．授業分析で何をみるのか，何がみえるのか．生徒の思考であれば，生徒の発言，ノートなどが重要な分析対象となる．教師の思考も，発問，指示，説明，板書などが重要な分析対象となる．生徒の思考と教師の思考はそれぞれ単独で行われるのではない．教師の発問および指示を通して，授業で生徒が何を学んでいるのかをみることは重要である．

　教師の説明，生徒の発言を整理すると，知識の構造が導き出される．上位の知識，中位の知識，下位の知識が明らかになる．教師の発問および指示を整理すると，発問の系列が導き出される．知識の構造，発問の系列から，明示されなかった発問および指示，説明が明らかになる．そこが改善すべき点である．

1) 大まかな授業記録

　授業分析をする際に，授業記録を取ることが必要である．慣れた人であれば，1時間の授業でB4の紙，1枚程度の授業記録を大まかに取ることができる．録画された授業であれば，適宜停止させて，記録を取ることができる．しかし，生の授業は，停止させることができない．適度な選択が必要である．教師の発問および指示，生徒の回答および状況などを中心に記録を取るのが良い．

　授業記録から学習指導案を作成してみると，その全容がよくわかる．教科書から学習指導案を作る際に，教授書形式の学習指導案について先ほど触れたので，今度は，教育実習などで使われる学習指導案にしてみよう．[5]

2) 授業記録の調整：生徒の視点と教師の視点

　まずは，大まかな授業記録の頭を揃え，内容を整理する．同じような内容をまとめ，それらを包括するような見出しを考える．どこまでが導入，展開，終結なのかを考え，区分けする．

次に，大まかな授業記録を生徒の視点で整理する．第1段階では大雑把にまとめる．第2段階では，第1段階のものをさらにまとめる．第1段階，第2段階のものを合わせ，学習活動とする．わかりやすくするために，第1段階のものを点（・）で，第2段階のものを丸（○）で示す．そして，第2段階のものを前にもってきて，第1段階のものをその後に配置する．

最後に，大まかな授業記録と学習活動をもとに，指導上の留意点を考える．教師がどのような配慮や工夫などをしていたかを意識しながらまとめる．表9-6の授業記録ができる．

表9-6　授業記録

大まかな授業記録	学習活動（第1・2段階） 生徒の視点	指導上の留意点 教師の視点
〈導入〉 ドイツの宗教改革	○ドイツ農民戦争の経過を参考にしながら，ドイツ宗教改革の意義について理解する	
ドイツ農民戦争 　どうやって起きたのか 　　貨幣経済の流入→価値の変化 　　　農民が力をつける　地位の向上 　　　領主は力を失う　地位の没落 　どうなるのか 　　領主が農民に増税を課す 　　農民は領主に反発する 〈以下，略〉	・ドイツ農民戦争の原因について理解する	・貨幣経済の流入によって農民が力をつけ，領主に対抗し始めたことを図を用いながらわかりやすく説明する

3) 学習指導案の完成

学習活動，指導上の留意点（表9-6の右半分）を学習指導案（表9-7の9.指導過程）に入れ込む．大まかな授業記録，学習活動，指導上の留意点をもとに，本時の目標，指導内容を推測する．

授業を行った人が作成した学習指導案と，その授業を見た人が浮き上がらせた学習指導案を比較すると，さまざまな違いが出てくる．そこが改善すべき点

である.

表9-7 浮き上がってきた学習指導案（略案）

地理歴史科　学習指導案　　　　　　　　　　　　指導教諭：●●　●●
　　　　　　　　　　　　　　　　　　　　　　　　実習生：◆◆　　☆☆

1. 学校名〈略〉　2. 日時〈略〉　3. 学級〈略〉
4. 教科書　『詳説世界史』山川出版社
5. 単元名　「近代ヨーロッパの成立」
6. 単元計画（全6時間）
　①ヨーロッパ世界の拡大（1時間）　③宗教改革（2時間）本時（1/2）
　②ルネサンス（1時間）　　　　　　④主権国家体制の形成（2時間）
7. 単元目標（単元観）
　15世紀末から17世紀前半の近世・近代初期のヨーロッパについて理解する.
　（①，②，④略）
　③16世紀の宗教改革の状況とその影響（対抗宗教改革）を理解する.
8. 本時の目標
　①ドイツ宗教改革がヨーロッパにおよぼした影響について理解できる.
　②スイス宗教改革（ツヴィングリ，カルヴァンの考え）の展開について理解できる.
　③宗派併存期の宗派選択の仕方が理解できる.
9. 指導過程

段階	指導内容	学習活動	指導上の留意点
導入	ドイツ宗教改革の意義 ドイツ農民戦争の意義	○ドイツ農民戦争の経過を参考にしながら，ドイツ宗教改革の意義について理解する ・ドイツ農民戦争の原因について理解する ・ドイツ農民戦争の進展・結果についてルターの動静とともに理解する ・ドイツ宗教改革の意義について理解する	・貨幣経済の流入によって農民が力をつけ，領主に対抗し始めたことを図を用いながらわかりやすく説明する ・農民戦争へのルターの関わり方（始めと終わり）を紹介する ・ドイツ宗教改革の意義を統一と社会変革という枠組みで説明する

10. 本時の評価
11. 板書〈略〉

注）
1) 学習指導要領・教科書から授業を作るための手だてに関しては，岡明秀忠「よりよい社会認識の育成を目指す授業をどのようにして作るのか（4）」『明治学院大学教職課程論叢　人間の発達と教育』第4号，2008年，を参考にした．
2) 疑問を作る．①生徒の立場で，教科書の記述，資料を読む．②教科書の記述，資料から生徒がわからないと思う部分をできるかぎりたくさん出す．1社の教科書記述からだと，なかなか疑問が出てこない．複数の教科書会社の同じテーマのページを検討する．A社には書いてあるのに，B社には書いていないといったことが出てくる．同時に「なぜなのか」という疑問が出てくる．
3) 学習指導案にはさまざまなものがある．略案の学習指導案は，学習活動と指導上の留意点を大まかに示したものである．細案の学習指導案は，作った本人以外でも，それを見ればほぼ同じような授業ができるものである．教授書，授業書はその最たるものである．教授書は，広島大学名誉教授の森分孝治氏が考案した学習指導案である．指導過程を発問および指示とそれに対応する知識で表している．教授学習活動は，たとえば，教師の発問は，〈T：発問する〉，生徒の回答は，〈S：答える〉といった表記がなされている．左から右に読みながら，順次下がっていくと，授業の具体的な展開がわかる．授業書は，1頁の表に課題・問題および選択肢，その裏に解説が書かれた学習指導案である．
4) 社会科を学ぶのは何のためか．社会のことを知るだけでよいのか．社会認識を通じて，公民的資質（Citizenship）を養うのが，社会科の究極の目標である．つまり，社会がどうなっているのか，なぜそうなっているのかという目を育て，どのような社会であれば私たちはより良い暮らしができるのかを考える教科が社会科である．個の利益もさることながら，全体の利益になっているかを追求する教科である．
5) 授業を視聴し，学習指導案を浮き上がらせる手だてに関しては，岡明秀忠「よりよい社会認識の育成を目指す授業をどのようにして作るのか（5）」『明治学院大学教職課程論叢　人間の発達と教育』第5号，2009年を参考にした．

第 10 章　教育機器をどう捉えるか

　教育機器とは，いったい何だろうか．教育学の辞典を引いてみると「教育効果を高めるために開発された機器を総称」したもので，「一斉授業の効率化を図るものや映像や音声の効果により，擬似体験を与えたり，動機づけ，概念形成などをめざすもの，および個別指導や自己学習を行うもの，コンピュータ・ネットワークによる情報検索，対話ができるものなど，多種多様な機能を担っている」(『新版 教育小辞典（第 2 版）』) とされている．社会の授業で映像を見たり，英語の授業で音楽に合わせて英単語を発音したりなど，私たちが経験してきた学校教育においても，教育機器は使われていたのではないだろうか．

　教育機器は，教育において必ずなくてはならないとされるものではない．教科書は，教科指導を行う際に使用しなければならないものと位置づけられているが，教科書しか使ってはいけないわけではなく，副読本や資料集，問題集なども使用が認められている．教育機器も使用しなければならないものではなく，教育の効果を高めるために必要に応じて活用するものである．

　こうした教育機器の活用は，従来の一斉指導だけでなく，個別学習や対話的・双方向的な学習を進めていく上で，より効果的であるとされている．とりわけ近年では，パソコンや携帯電話などの情報通信技術（ICT）の普及に伴い，教育機器として ICT 機器の活用が求められるようになってきた．

　そこで本章では，この ICT 機器の活用に着目する．まずは，ICT 機器の活用に関する現状を把握するべく，文部科学省の示す「教育の情報化」について確認していこう．その後，具体的な ICT 機器の活用方法や環境整備，最後に今後の課題を検討する．教員になった際，これらの教育機器をどのように使い，どのような力を伸ばしていくことが求められるのだろうか．一緒に考えてみよう．

1. 教育の情報化

　文部科学省は 2011 年 4 月「教育の情報化ビジョン～21 世紀にふさわしい学びと学校の創造を目指して～」を公表した．教育の情報化がめざすのは，「情報教育」「教科指導における情報通信技術の活用」「校務の情報化」の 3 つの側面を通じた教育の質の向上である．

　「情報教育」とは，子どもたちの情報活用能力の育成である．各学校段階において期待される情報活用能力を身につけさせること，教材の開発，情報モラル教育の充実などが挙げられる．

　「教科指導における情報通信技術の活用」とは，情報通信技術を活用することで分かりやすく深まる授業を実現することである．指導者用・学習者用デジタル教科書の開発・活用，デジタル教材の活用，ネットワーク環境の整備，一人 1 台の情報端末による学習を可能にするなどが挙げられている．

　「校務の情報化」とは，情報通信技術を活用した教職員の情報共有によるきめ細かな指導の実現と，校務負担の軽減である．校務支援システムの普及，教育情報のデジタル化，クラウド・コンピューティング技術の活用などが挙げられている．

(1) 子どもたちに求められる力

　21 世紀を生きる子どもたちに求められる力とされているのは，「生きる力」と「情報活用能力」である．「生きる力」とは「確かな学力・豊かな心・健やかな体」，「情報活用能力」とは「必要な情報を主体的に収集・判断・処理・編集・創造・表現・発信・伝達できる能力等」とされる．

　このような認識は，OECD（経済協力開発機構）が定義する「知識基盤社会」の時代を担う子どもたちに必要な能力である「主要能力（キーコンピテンシー）」として，国際的に共有されているものである．「キーコンピテンシー」は，「社会・文化的，技術的ツールを相互作用的に活用する能力」「多様な社会グループにおける人間関係形成能力」「自律的に行動する能力」の 3 つのカテゴリーからなり，その中には「情報活用能力」に該当するものも含まれている．

(2) 教育の情報化が果たす役割

このような能力の育成にあたって，教育の情報化が果たす役割とは何か．それは，ICT を活用することによって，「一斉学習」に加え，子どもたち一人ひとりの能力や特性に応じた学びである「個別学習」や，子どもたち同士がお互いに教え合い学び合う協働的な学びである「協働学習」を進めていくことである．これらの学習を進めるにあたり，ICT を活用することには，次の3点の強みがあるとされている（表 10-1）．

表 10-1　ICT 活用の特性・強み

カスタマイズが容易	多様で大量の情報を収集，整理・分析，まとめ，表現する	・観察・実験したデータなどを入力し，図やグラフ等を作成する ・文書の編集，プレゼンテーション，調べ学習，ドリル学習，試行の繰り返し，情報共有
時間的・空間的制約を超える	時間や空間を問わずに，音声・画像・データ等を蓄積・送受信できる	・距離や時間を問わずに，児童・生徒の思考の過程や結果を可視化する ・学習過程の記録を残すことができる
双方向性を有する	距離に関わりなく相互に情報の発信・受信のやりとりができる	・教室やグループでの大勢の考えを，距離を問わずに瞬時に共有する ・遠隔授業

出所）「2020 年代に向けた教育の情報化に関する懇談会　最終まとめ」（平成 28 年）より作成

一斉学習では，教科書の挿絵や写真などの資料を大きな画面で提示し，その画面へ直接書き込みを行うことが可能となる．これにより，子どもたちの興味・関心を高めるだけでなく，より理解の深まる授業を行うことが期待されている．

個別学習では，特にデジタル教材を活用することで，児童・生徒が自分の興味に応じて深く調べたり，自分のペースに合った学習を進めたりすることが可能となる．これまでの学習履歴の把握も可能となることから，それぞれの関心や理解の程度に応じた学習も行え，家庭に持ち帰れば自宅学習にも使える．

協働学習では，ICT 機器を活用することで，グループでの話し合いや発表だけでなく，教室内や他地域・海外の学校との交流学習も可能となる．意見交換や発表などをより活発化させることで，思考力，判断力，表現力などを育成することが期待される．主体的・対話的で深い学びを進めていく上で，ICT

機器の強みが活かせるものと考えられている．

(3) 新学習指導要領における教育の情報化

2020年度以降，小学校から順に実施される新学習指導要領では，教育の情報化と関連する事項はどのように記載されているのか．小学校・中学校・高等学校に共通して，「総則」に記載されている次の2点が挙げられる．1点目に，「情報活用能力」を言語能力と同様に「学習の基盤となる資質・能力」と位置づけることである．学習指導要領に「情報活用能力」が規定されたのは初めてのことである．2点目に，学校のICT環境整備とICTを活用した学習活動の充実に配慮することである．学習指導要領の総則においてICT環境を整備する必要性が規定されたのも，初めてのことである．

新学習指導要領が実施されていけば，教育においてますますの情報化が進んでいくことになるであろう．それとともに，教師にはICTを活用した教育がより一層求められることになる．

2. ICT機器の活用

では，具体的にどのようなICT機器をどのように活用することができるのだろうか．ここでは，授業の際に主に教師が使用する電子黒板と，児童・生徒が使用する教育用PCを取り上げてみよう．

(1) 電子黒板

清水（2006）によると，電子黒板とは次の3つの機能を持ったものを指すと言う．①コンピュータの画面をそのまま提示できること，②その画面に手書きができること，③大画面提示がされていることである．電子黒板の利用機能は，次のように整理できる（表10-2）．

清水によれば，電子黒板のもつ機能的な強みは，消しても元に戻ることができる，静止画像や動画を提示できる，あらかじめ用意しておいた図表などを容易に提示できるという点にあるという．

表 10-2 電子黒板の利用機能

画像等の拡大	・注目させたい図表や資料を拡大して見やすくする ・児童・生徒が顔を上げる
書き込みの保存	・次回学習の冒頭に前回の復習として提示
画像等の移動、切り替え、隠す	・多くの情報に視覚的に触れられる
画像等にペン機能を使った書き込み	・重要部分やポイントへの印をつけ、注目させる

出所）文部科学省「授業がもっとよくなる電子黒板活用　電子黒板活用場面集」より作成

　「まだ書いているのに！」黒板を消されてノートを取ることができなかったということも，電子黒板では起こらない．電子黒板では容易に元に戻ることができるし，保存して後から見直すこともできる．

　教師の負担という点でも，変化が期待できる．従来の授業では，大きな写真や画像を見せたいときには，印刷して黒板に磁石で貼り付けるなどしなければならなかった．手間もかかるし，多くの資料を用意するのには限界もある．しかしICT機器を活用すれば，多くの画像を必要に応じて用意し，提示することができる．もちろん，教師の負担がゼロになるというわけではないが，一度使った画像は保存しておけば何度でも使用可能であるし，保存の場所や手間も少なく済むだろう．

　電子黒板が導入されたからといって，従来の黒板が全く不要になるというわけではない．教育機器はあくまでも「教育効果を高める」ためのものであり，黒板と電子黒板の併用は可能である．電子黒板は写真や資料を拡大したり，映像やアニメーションなどの動きのあるものを表現するときに使用し，左右に用意した黒板はこれまでのように授業全体を振り返ったり，話し合いをまとめたりする際に使用できる．

(2) 学習者用タブレットPCとデジタル教科書
①学習者用タブレットPC
　主に生徒が使用するICT機器には学習者用PCがあるが，近年タブレットPCの導入が進んでいる．指によるタッチやペン入力，カメラによる静止画や動画の撮影が可能なことなどが特徴である．持ち運びも容易で，1人1台またはグ

ループで1台などの使用が考えられる.『先生と教育行政のためのICT教育環境整備ハンドブック2018』(日本教育情報振興会)から活用場面をみてみよう.

大画面のカメラとして使用すれば,個人でもグループでも活用できる.たとえば,マット運動などの体育の実技を動画撮影し,個人で映像を振り返ったり,グループでお互いの良かった点や改善点を話し合ったりが可能である.

グループに1台ずつ用意すれば,調べ学習や話し合いに使うことができる.タブレットPCを電子黒板と接続すれば,グループの発表内容を大きな画面に提示し,クラス全体で話し合うという協働学習も行える.

1人1台の環境が整えば,一人ひとりが考えた算数の問題の解き方を,PCを通してクラス全員で共有するという形での協働学習も可能である.他の人がどのような解き方をしたのかを,全員が知ることができる.また,1人1台あれば,習熟度や学習速度に合った個別学習も可能となる.

このように,学習者用PCを利用することで,個別学習や協働学習がより充実し,一斉学習でも双方向的な授業が可能となると期待されている.

②デジタル教科書

タブレットPCの活用場面として,教科書をタブレットPCに取り込んで使用する「デジタル教科書」が近年注目されている.デジタル教科書とは,紙の教科書と同一の内容をデジタル化されたものであり(図10-1),基礎的・基本的な教育内容の履修を保障するものである.

デジタル教科書は,現在教科書発行者から制作・販売されているが,現行の学校教育法においては,紙の教科書の使用が義務づけられていることから,あくまでも補助教材という位置づけになっている.義務教育段階で無償給付される教科書も紙のもののみであることから,導入にあたっては教育委員会や各学校が独自に購入しているのが現状である.

このデジタル教科書の位置づけが,大きく変化することが決まった.2019年4月からデジタル教科書は補助教材ではなく,正式な教科書として位置づけられることになったのである.

図 10-1　紙の教科書とデジタル教科書
出所）文部科学省「デジタル教科書のイメージ」

　文部科学省「学校教育法等の一部を改正する法律の概要」によれば，学校教育法の一部を改正することで，検定済み教科書の内容を電磁的に記録したデジタル教科書がある場合には，教育課程の一部において，教科書の使用義務にかかわらず，「通常の紙の教科書に代えて『デジタル教科書』を使用できる」こととするとしている．これは，2020 年度から実施される新学習指導要領を踏まえた「主体的・対話的で深い学び」の視点からの授業改善，障害等により教科書を使用して学習することが困難な児童・生徒の学習上の支援のため，必要に応じて「デジタル教科書」を通常の紙の教科書に代えて使用することができる（併用制）ように，所要の措置を講ずるというものである．紙の教科書は引き続き給付される．

　また，視覚障害，発達障害等の事由により通常の紙の教科書を使用して学習することが困難な児童・生徒に対し，文字の拡大や音声読み上げ等により，その学習上の困難の程度を低減させる必要がある場合には，教育課程の全部において，通常の紙の教科書に代えて「デジタル教科書」を使用できることとしている．

　電子黒板同様，すべてタブレット PC に代わるというものではないし，教科書もすべてがデジタル化されるというものでもない．それぞれの良さを生かしながら，児童・生徒の理解を深める活用方法を考えていく必要がある．

3. ICT の整備と活用

(1) ICT 環境の整備

　ICT 機器は学校にどのくらい整備されているのだろうか．ここでは，文部

科学省が毎年行っている「学校における教育の実態等に関する調査結果（2017年3月現在）」をみてみよう．

学習者用PCの1台あたりの児童・生徒数は5.9人である．総台数は2,027,273台，このうちタブレット型PCの台数は373,475台で約2割近くを占めている．2014年3月時点では72,678台であったことから，この3年で約5倍の増加である．電子黒板の整備率は24.4%，総台数は113,456台で，前年度と比較して11,300台の増加である．年におよそ10,000台ずつ増加しており，整備率は上昇傾向にある．

全体では整備が進んでいる印象を受けるが，都道府県別では整備状況の差が大きい．学習者用PCの1台あたりの児童・生徒数は，全国平均値が5.9人であるが，最高値は佐賀県の1.9人，最低値は神奈川県の8.0人と大きな開きがある．電子黒板の整備率は全国平均値が24.4%であるが，最高値は佐賀県の128.5%，最低値は群馬県の11.3%である．このような結果は，子どもたちの学習環境に差があることを意味しているといえる．

(2) 今後の目標水準

文部科学省は，新学習指導要領の実施にともなって必要とされるICT環境整備について，2017年12月に「平成30年度以降の学校におけるICT環境の整備方針」を取りまとめ，2018年～2022年度までの5か年計画を通知した．これに記載されているICT機器を中心に，必要な環境整備とその目標水準を

表10-3　学校におけるICT環境と目標水準

ICT環境	目標水準
大型提示装置（電子黒板）	100%整備、各普通教室1台、特別教室用6台
実物投影装置（書画カメラ）	小学校・特別支援学校100%整備
学習者用PC	3クラスに1クラス分程度
指導者用PC	授業を担当する教員1人1台
学習者用ツール	PCの台数分
無線LAN	普通教室＋特別教室100%整備

出所）文部科学省「平成30（2018）年以降の学校におけるICT環境の整備方針」より作成

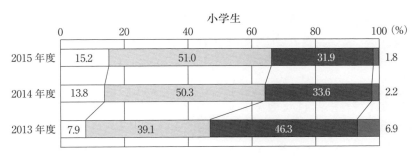
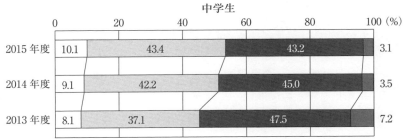

図 10-2 コンピュータなどを活用した教育

出所）平成 27 年度　全国学力・学習状況調査報告書【質問紙調査】p.96 より作成

整理したものが表 10-3 である．

2018 年度以降，各普通教室に電子黒板 1 台，学習者用 PC は授業展開に応じて必要な時に 1 人 1 台の使用ができる環境として，1 日 1 コマ程度を目標水準としている．また，これらの使用にあたって各教室の無線 LAN（ローカルネッ

表 10-4　教科の平均正答率との関係が見られた項目（中学校）

選択肢	当該選択肢を選んだ学校の平均正答率			
	国語 A	国語 B	数学 A	数学 B
①よく行った	81.2	53.8	69.7	62.5
②どちらかといえば、行った	79.9	51.6	67.7	60.4
③あまり行っていない	79.1	50.4	66.7	59.0
④全く行っていない	78.2	49.3	65.2	57.5

出所）「平成 26 年度　全国学力・学習状況調査結果　【質問紙調査】」p.126 より作成

トワークサービス）の完備もめざしている．今後は，ICT を活用した学習活動が行われることを前提として，施設・設備の整備計画を立てることも必要とされている．

(3) ICT 機器を活用した教育

ICT を活用した教育はどのくらい行われているのだろうか．全国学力・学習状況調査では，学校質問紙において，情報通信技術を活用した指導をどのくらい行っているかを聞いている．「コンピュータ等の情報通信技術を活用して，子ども同士が教え合い学び合う学習（協働学習）や課題発見・解決型の指導を行いましたか」という質問では，小学校・中学校ともに「よく行った」「どちらかといえば行った」の割合が，調査開始年度以降 3 年間で増加傾向にある（図 10-2）．

生徒の平均正答率との関連は，2014 年度の調査分析で明らかにされており（表 10-4），コンピュータなどを活用した教育を行っているほうが，教科の正答率が高くなる傾向が見られている．単純に ICT 機器を使えばすぐに正答率が上がるといえるものではないが，こうした機器を上手く活用し，協働学習や課題発見・解決型の学習指導を行っていくことが，子どもたちの理解につながる可能性はあるといえるだろう．

4. 課題と展望

これまで見てきたように，現在学校教育においては ICT 機器の活用が求められており，環境整備が進められている．最後に，今後の課題を検討しよう．

まず，とにもかくにも「ICT を活用した指導力」が求められるということがいえるであろう．どのような機器を，どのように活用するのか．教員として，常にそれを模索しなければならない．

「2020 年代に向けた教育の情報化に関する懇談会 最終まとめ」の今後の対応方針では，「これから教員を目指す学生が，養成段階において ICT を活用した指導法を実践的に学ぶことは，教員となる際に必要な最低限の基礎的・基盤的な学修として不可欠」であるとされている．各教科の指導法や教育実習の準

備において，ICT を活用した模擬授業などの実施が想定されている．教員採用試験では，電子黒板を利用した模擬授業を取り入れることで，教員の ICT を活用した指導力の向上につなげている事例もあるという．

　教員として ICT 機器を活用する上では，その基本的な使い方，活用方法に加え，ネットワークに関する理解，知的財産や個人情報，近年では情報モラルに関する知識も必要となっている．依然として ICT 活用に対する教員の不安は大きく，その不安が，ICT が積極的に活用されないことへとつながっているのではないかという指摘もある．教員への研修機会の充実だけでなく，小さな不安も取り除けるような，気軽な相談ができる仕組みも必要ではないだろうか．産業界や大学との連携も重要な課題である．

　ICT 機器の活用により，教員の負担が増すという問題もある．そこで，学校に ICT 支援員を配置し，教員の ICT 活用をサポートする体制が進められている．文部科学省は，新学習指導要領に即した学びを実現するために，ICT 支援員が「不可欠な存在」としている[1]．しかしながら，地方公共団体で配置されている ICT 支援員の数は，2013 年度末で約 2,000 人と全く十分とはいえない．今後は，2018 年以降 5 か年で，4 校にひとり配置することが目標水準とされている．ICT 支援員によるサポートが充実すれば，教員の負担はいくぶんか減ることが期待されるが，ICT 支援員の育成，確保もまた大きな課題である．

　最後に，教員として ICT 機器を活用するにあたって忘れてはならないことは，子どもたちがこれらの機器の活用をどのように受け止めるかということである．現代の情報社会にあっては，幼少期からスマートフォンやタブレット端末に触れてきたという子どもは多い．そして，これからはもっと増えるであろう．そうであるとはいっても，授業の中でこれらを使用していくことは，すべての子どもにとってスムーズであるとは限らない．日常的なメディア接触の頻度が低い子どもは，ICT 機器を使った授業への抵抗感や不安感を抱いている可能性も示唆されている（拙著 2013）．メディアとの日常的な接触頻度は，家庭にこうした機器があるかどうかに左右される．経済的な格差が問題となる昨今にあっては，幼少期から ICT 機器に触れてきたかどうかというデジタル格

差の存在も，視野に入れる必要がある．ICT機器の活用が求められているからとにかく使うということではなく，子どもたちへの教育効果を高める目的で活用していくことが重要である．

注）
1) 文部科学省「ICT支援員の配置を」パンフレットより　平成30年3月
http://www.mext.go.jp/component/a_menu/education/micro_detail/__icsFiles/afieldfile/2018/09/04/1398432_5.pdf

引用・参考文献
『新版 教育小辞典（第2版）』学陽書房，2002年
清水康敬「第1章　電子黒板とは？」『電子黒板で授業が変わる　─電子黒板の活用による授業改善と学力向上─』高陵社書店，2006年，pp.2-22
山口晶子「第15章　教科書の使い方，メディア接触とデジタル教科書観」中央教育研究所研究報告 No.79『教師と児童・生徒のデジタル教科書に関する調査─小学校・中学校を対象に─』2013年，pp.162-175
国立教育政策研究所「平成27年度 全国学力・学習状況調査 報告書」「質問紙調査（2）学校質問紙」p.96　http://www.nier.go.jp/15chousakekkahoukoku/report/question/
国立教育政策研究所「平成26年度 全国学力・学習状況調査 報告書」「質問紙調査（2）学校質問紙」https://www.nier.go.jp/14chousakekkahoukoku/report/data/qn_03.pdf
日本教育情報化振興会『先生と教育行政のためのICT教育環境整備ハンドブック2018』2018年　https://www.japet.or.jp/jov4boeo0-964/
文部科学省「教育の情報化ビジョン～21世紀にふさわしい学びと学校の創造を目指して～」平成23年4月　http://www.mext.go.jp/component/a_menu/education/micro_detail/__icsFiles/afieldfile/2017/06/26/1305484_01_1.pdf
文部科学省「2020年代に向けた教育の情報化に関する懇談会 最終まとめ」平成28年7月　http://www.mext.go.jp/b_menu/houdou/28/07/__icsFiles/afieldfile/2016/07/29/1375100_01_1_1.pdf
文部科学省「平成30年度以降の学校におけるICT環境の整備方針について（教育のICT化に向けた環境整備5か年計画（2018～2022年度）」平成29年12月
http://www.mext.go.jp/a_menu/shotou/zyouhou/detail/1402835.htm
文部科学省「平成28年度 学校における教育の実態等に関する調査結果（概要）〔確定値〕」平成30年2月　http://www.mext.go.jp/component/a_menu/education/

micro_detail/__icsFiles/afieldfile/2018/03/07/1399330_01.pdf
文部科学省「学校教育法等の一部を改正する法律の概要」平成 30 年 5 月
　http://www.mext.go.jp/b_menu/houan/kakutei/detail/__icsFiles/afieldfile/2018/05/28/1405486_01_2.pdf

（すべて 2018 年 12 月 14 日アクセス）

第11章　家庭,地域との関係をどう捉えるか

1. 子どもが抱える問題の多様化・複雑化

　家庭や地域は，学校と同様に，子どもにとって，基本的な生活習慣，社会的な価値や規範等を習得し，社会で生きていくための能力・資質，構えを身につけていく場である．また，家庭，地域，学校は互いに関わり合いながら，子どもの育ちを支えてきた．そうした中で，学校では，今改めて，家庭，地域との関係の必要性が強調され，かつ，その関係の在り方が問われている．

　その背景に触れておこう．近年，子どもの教育上，あるいは学校生活での問題は多岐に渡り，複雑化している．そのひとつは，個別の支援を必要とする子どもが増えていることにある．2006年度に発達障がいに該当する障がいのある子どもへの特別支援教育が認められ，2017年度現在，自校または他校の特別支援学級に通級して指導を受ける障がいのある子どもは約10万人となっている[1]．特別な支援を要する子どもは2006年度と比べると大幅に増加している．また，日本語指導が必要な子どもも増えている[2]．保護者の就労や結婚などの理由で来日し，日本の学校に在籍する子どもの多くは，海外での教育経験のある子どもであり，日本語習得の問題の他に，文化的・宗教的な違いによる学校生活への適応にも問題を抱える傾向がみられる．さらに，貧困，虐待，家庭内不和など，家庭状況に問題を抱える子どもも少なくない．なかには，不登校や暴力行為といった教育上，生徒指導上の問題も併せて抱える子どももいる．

　上記以外にも，通学路の交通安全，不審者による凶悪事件，IT等の情報通信機器を介したいじめ・犯罪・健康被害など，学校内外での子どもの安全や心身の健康に関わる問題もある．これらの問題は学校内にとどまらず，放課後における地域内やネット上の出来事が含まれてくる．大人の目が届きにくい場での出来事もあり，学校，家庭それぞれがその対応に苦慮するものとなっている．

今日，学校で生じる教育上，生徒指導上の問題はもとより，学校外での問題に関しても，学校が対応することが求められている．しかしながら，問題が多様であり，複雑化しているがゆえに，学校・教師のみで解決にあたるのは困難をきわめる．それゆえ，学校は，保護者との連携はもちろんのこと，学校内外に配置されている専門職—スクールカウンセラーやスクールソーシャルワーカー，特別支援教育コーディネーターなど—，及び地域の関連施設—教育支援センター，保健センター，児童相談所，警察など—との連携が不可欠になっている．また，学校内外での子どもの生活・学習の支援では，現実的に教師が多忙であるがため，保護者や地域住民からの協力も大きな力となる．

しかしながら，連携や協力を求める家庭や地域もまた，変化してきている．たとえば，働く母親が増加しており，日中に保護者が不在の家庭が増えてきている[3]．従来のように，学校と家庭の間で何気なく行われてきた，平日の日中に保護者が学校に出向き，PTAの活動や面談，子どもの引き取り等の関わりは容易ならざるものとなりつつある．学校と地域との関わりもまた変わらざるを得なくなってきている．地域住民同士のつながりが希薄化しており，地域住民と子どもとの間に顔の見える関係が構築される機会が減っている．それに伴い，学校や子どもの教育に対する地域住民の関心も低くなってきている．地域住民の，子どもや学校へのまなざしはうすいものとなり，子どもの教育への協力を得ることも容易ではない．

このように学校を取り巻く環境が変化し，かつ子どもの教育上の問題も多様化・複雑化している現在，学校，地域，家庭のとの連携・協力が改めて問われている．学校は，家庭，地域との関係を改めてどう築くのか．本章では，学校と家庭との関係，学校と地域との関係の現状と，相互にパートナーとしての関係を築くための課題を探っていくことにする．

2. 家庭との連携の行方

学校と家庭は子どもを挟み，どのような関係にあるのか．学校と家庭の関係は，具体的にいうと，教師と保護者との関係である．両者の関係は，基本的に

は，学校の教育活動や学校運営上の一環として行われる関わりである．もうひとつは，日常的に個別の支援を必要とする場合や新たに問題が生じた場合に，教師と保護者が普段の関わりに加えて，個別に連携を築いていく関わりである．ここでは，教師の普段の関わりが保護者にとって，どのような意味を持っているのか，そして，個別の連携を要する場合，どのような課題が生じるのかを捉えていく．

(1) 信頼は普段の関わりから

　保護者にとって，学校に対するより高い関心事は，子どもの学校での様子であり，学校や担任の教育方針や指導状況である[4]．これらの情報を知るために，保護者は，どのような機会を得ているのだろうか．子どもの様子を個別に尋ねる機会は，個別面談や家庭訪問，欠席した際の電話連絡や連絡帳などの直接的なコミュニケーションである．日本PTA全国協議会が2017年に実施した保護者の意識調査によると[5]，ほとんどの保護者は，学校と家庭との間で必要なコミュニケーションが取れていると感じている．個別のコミュニケーション以外にも，授業参観や学校行事に参加した際の教師の子どもへの対応を観察したり，子どもの様子を窺ったりすることで，保護者は間接的に情報を得ている．このような保護者の情報取得の機会が教師と保護者との普段の関わりにつながっている．

　では，保護者は，普段の関わりを通じて，学校や教師に対してどのような思いを抱いているのだろうか．ベネッセ教育総合研究所 (2018) によると，小・中学生の子どもを持つ保護者において，子どもが通う学校に対する満足度は，2004年以降，高まっているという．学校や教師の教育方針や活動，子どもへの関わり方，教師の教育熱心さ等が，保護者に十分に伝わり，それが満足度につながっていると思われる．さらにいえば，普段の関わりを通じて，多くの保護者は，何かあったときに，学校や教師が頼りになるという感覚も持っていると見て取れる．日本PTA全国協議会の調査によると[5]，学校に相談事がある時，「いつも気軽に相談できる雰囲気」があると感じている保護者は，小学生の保

護者では約6割，中学生の保護者では約5割である．また，「仮にいじめがなどが起きた場合，子どもの通う学校が適切に対応してくれるか」という質問に対して，「対応してくれる」と思うと回答した保護者は，小学生の保護者では71.5％，中学生の保護者では65.2％であった．多くの保護者は，何かあったときには，子どもの通う学校は相談にのってくれ，かつ適切に対応してくれるという信頼を寄せていることが窺える．

このように，普段の関わりは，保護者にとっては，学校や教師の教育の取り組みや子どもに対する姿勢を窺い知る機会となっている．そして，そうした日々の関わりで得た情報によって，保護者は，学校や教師に対する満足度や信頼を高めるに至っている．言い換えれば，学校や教師は，家庭との間のコミュニケーションを日々の活動の中でしっかりと取ることで，保護者との間に信頼を構築する機会につなげられるといえよう（米澤・尾崎　2012）．

(2) 教師と保護者のズレ

個別に支援する必要が生じた場合，教師と保護者は，日常的な関わりを超えて，よりこまめに関わり，子どもの教育的ニーズを満たすために，連携をしていくことが求められる．その際，両者の中でズレが生じることがある．ズレは，両者の子どもの理解やニーズに関わることであり，それに伴い，指導や支援の方針などに及ぶこともある（登内・上村　2017）．こうしたズレは，教師と保護者の，子どもへのまなざしの相違に由来するものである（吉田・秋光　2006）．では，どのような違いなのか．

教師は，学校という枠のなかでの，子どもと接する立場にある．そのため，教師の視点は，当該の子どもの状況を，学級や学年などの子ども集団の中に位置づけ，相対的に捉えるものである．また，教師のまなざしは，学校に在籍している期間における子どもの成長・発達の様子や学校生活により注視する傾向がある．それに対して，保護者の立場は，生涯にわたりその子に寄り添い，支える立場にある．それゆえ，保護者のまなざしは，当該の子どもを中心にしたものとなる．その視点は，子どもの生活全般に目を向けるものであり，周囲と

の関わりにおける問題では，その子どもからみて評価しようとする傾向がある．加えて，子どもの人生全体を視野に入れつつ，今の子どもの状況を捉えるものでもある．付言すると，この点で，保護者はその子どもの専門家でもある．

　子どもの理解やニーズに関わるズレが生じること自体は避けられないものである．教師は，ズレが立場の違いから生じるものであり，ズレがあることを当然のこととして受容している（登内・上村　2017）．それに対して，保護者は，ズレが生じる背景に気づいてないことが多い．その場合，ズレに対して教師の対応によっては，保護者は教師がきちんと子どもを理解してくれないと捉え，教師や学校に不信感を抱くこともある．そして，ズレを放置したままにすると，学校と家庭との連携が取りにくくなり，場合によっては，両者が対立する関係に発展してしまう危険性がある．ズレを予防することができない以上，連携をスムーズに進めるには，ズレを調整していくことが重要なこととなる．そのためには，双方が視点の違いによりズレが起きることを意識的に確認し，その上で，子どもの理解やニーズに関して共通認識を構築していくことが鍵となる．もうひとつは，教師と保護者が互いに，教育の困難さや不安を気遣う努力や，保護者がその子どもの専門家であることを認め，互いに専門家としての立場を重んずる姿勢も求められる．

(3) 連携を支える学校環境づくり

　普段の関わりから信頼を得ていくことや，連携におけるズレの調整をしていくことは，教師と保護者の，子どもを間においたパートナーとしての関係構築につながる．ここで，教師と保護者の関係を支える学校環境における課題についても触れておこう．

　学校の課題のひとつは，相談しやすい雰囲気を学校全体で醸成することである．子育てに悩みを抱えていたり，子どもの問題を感じ取っていたりする保護者は，相談相手として，配偶者や友人・知人を除くと，学校に期待をかける．しかし，学校に相談を持ちかけることに躊躇いを感じている保護者は小学生の子どもを持つ保護者で約2割，中学生の保護者では3割近くと，決して少なく

ない⁵⁾．学校に行きづらい雰囲気や教師に声をかけにくい雰囲気が学校にあるといえよう．子どもの問題について情報や問題を共有しつつ，連携を進めていくには，そうした排他的な学校の雰囲気を払拭していくことが課題となろう．

　もうひとつは，個別の子どもの問題を解決するために，担当の教師のみが対応するのではなく，チームとしての対応をつくり出していくことである．中央教育審議会答申（2015）の「チームとしての学校の在り方と今後の改善方策について」において，「チームとしての学校」の体制づくりが言及されている．長期的に対応する必要があるケースや，心身の健康問題や障がいなどのより専門性が求められるケース，保護者が抱える問題とつながっているケース，教師の異動などでは，担当教師と保護者との関係のみでは連携の継続が困難になり，問題解決を妨げる場合もある．学校は，チームとして，家庭との関係構築が必要となっていく．チームでは，保護者や子どもの了解を得ながら，当該の子どもと関わる複数の教諭，スクールカウンセラーやスクールソーシャルワーカーといった教育以外の専門スタッフが連携し，分担することになる．また，不登校のケースや保護者が問題を抱えているケースでは，学校外の，教育支援センターのスタッフ，福祉や医療の専門スタッフ等とも連携し，分担しながら，解決を図ることになろう．いずれにせよ，子どもや保護者との主な窓口となる担当の教師を支える体制を学校がチームとして整えることが鍵となる．

3. 制度化する地域との関係

　学校と地域との間はどのような関係が築かれているのか．学校と地域との連携・協力が制度化されはじめたのは，ひとつには1998年ごろから推し進められている「地域に開かれた学校づくり」の流れであり，もうひとつは2002年頃から推進されてきた，地域の教育力の再生をねらいとした「地域子ども教室推進事業」やその後の「放課後子供教室」⁶⁾の流れである．2006年の教育基本法改正時に追加された第13条「学校，家庭及び地域住民等の相互連携協力」や2015年の中央教育審議会答申「新しい時代の教育や地方創生の実現に向けた学校と地域の連携・協働の在り方と今後の推進方策について」を受け，地域

と学校との連携・協働を促す体制づくりの流れは加速している．2015年の答申では，学校が「地域コミュニティの核としての役割」を果たすことが言及されている．「地域に開かれた学校づくり」から地域総掛かりで子どもをはぐくむ「地域とともにある学校」に転換すること，支援者—被支援者の関係から地域と学校との間に連携・協働における「パートナー」関係に発展させること，そのことによって地域コミュニティを活性化させることが掲げられている．現在，学校と地域との連携・協力では，「地域学校協働活動」の推進と「学校運営協議会」の設置（教育委員会の努力義務）がめざされている．[7] 前者は学校と地域で行われる子どもの教育活動に関わることであり，後者は学校運営に関わることである．学校と地域との連携・協力の体制では，両者が両輪のように動いていくこともめざされている．こうした制度的基盤を背景に推し進められている学校と地域との連携に対して，地域住民や学校・教師がどのような意識を持っているのか．また，パートナーシップを築くには何が課題となるのだろうか．

(1) 学校支援から地域学校協働へ

　子どもの教育に関わる学校と地域との連携は具体的にどのように展開されてきたのであろうか．子どもの教育に関わる地域活動には，地域住民や青少年育成団体，NPO法人等による学習支援やスポーツ活動，多世代交流，体験活動，放課後の居場所等の提供がある．これらの活動では，地域のさまざまな団体・グループ，あるいは個人が関わり，それぞれが個々に活動を展開してきている．そのため，活動によっては，学校との連携関係が構築されていない，あるいはつながりがあっても，関わりが少ないものもある．

　学校と地域住民との間に明確な連携がある活動には，学校支援活動に該当するものがあげられる．それらは，PTAや保護者会を通じてか，学校ボランティアとして関わる個別的な活動であった．2008年に学校支援地域本部事業（2011年度より学校支援地域本部）が導入された後は，多くの学校で，コーディネーターを配置し，学校支援活動をより組織的に実施するようになった．現在，学

校支援活動として，学校周辺環境整備や登下校の見守りの活動が特に取り組まれている．総合的な学習の時間や職場体験学習，郷土学習などにおける授業や教育活動の補助や部活動指導なども行われているが，それらの実施率は半数程度かそれ以下にとどまっている[8]．

2017 年度から推進されている「地域学校協働活動」[7]は，学校支援にとどまらず，子どもの教育活動を介した地域づくりも視野にいれた活動である．その運営は，学校と地域全体との連携・協力の関係を前提にしている．そのため，「地域学校協働本部」の設置を通じて，これまで個々別々に，地域で展開してきた子どもの教育活動や「放課後子供教室」，家庭教育支援活動等を，学校支援活動も含め統合することをねらいとしている．これは同時に，それらに関わる地域住民・団体等の緩やかなネットワークを形成するものでもある．

ところで，これまでの地域住民による学校支援活動では，次のような効果が報告されている．地域住民との関わりが増すことで，子どものコミュニケーション能力が向上したり，地域への理解・関心が高まったりと，教育効果が確認されている[8]．それにとどまらず，地域住民側にも住民の生きがいや自己実現につながるといった効果や地域活性化につながったという結果もでている．この点で，すでに，地域学校協働活動の芽はでている．その一方で，課題もある．それは地域住民の参加の広がりである．地域住民の参加が限定されないためには，教育や地域への住民の関心を高めることが課題であるという（岩崎・松永 2011 年）．もうひとつは，コーディネーターの役割を担う人材の育成である．学校と地域との協働で活動を進める際に，その核となるのは，地域と学校をつなぐコーディネーターである．コーディネーターの役割は，学校のニーズを把握すること，教師と地域住民の役割分担を明確にすること，教師の負担を減らしつつ，地域住民が活動しやすいように，学校と地域をつなげることである．現在，その役割を果たす地域学校協働活動推進員の配置が進められている．この推進員は，教育委員会が委嘱する法律的に位置づけられた存在である．学校運営協議会にも参画することができる点で，より深く学校に入り込み，学校側のニーズを的確に捉えることができるようになると考えられる．それゆえ，学

(2) 学校運営におけるパートナーシップ

　学校運営への地域住民の参画に関わる制度的基盤の代表的なものに，コミュニティ・スクールがある．コミュニティ・スクールとは，保護者や地域住民が一定の権限と責任を持って運営に直接参画する学校運営協議会が設置された学校のことである．2004年に制度化され，学校運営協議会が設置されている学校数は2018年現在，5,432校となっている[9]．小中連携をしている校区などで複数校にひとつの協議会が設置可能になったこともあり，設置している学校数は，ここ数年で急増している．

　学校運営協議会の仕組みを簡単に説明しておこう．学校運営協議会の委員は，教育委員会の任命をうけた当該学校の地区に居住している地域住民，当該学校に在籍する保護者，地域学校協働活動推進委員などからなる．協議会の会議には，校長の他，教師が参加することもある．ちなみに，2010年当時の全学校運営協議会に対して行われた調査によると（仲田・大林・武井2011），学校運営講義会には，町内会役員の他，PTA会長・副会長，学校支援ボランティアや青少年育成団体での活動経験のある人びとが多く関わっているという．学校とすでに関係のあった人びとであるため，学校の現状についての理解も高い人びとから学校運営協議会は構成される傾向にあるとみられる．

　では，学校運営協議会の主な役割は，何か．ひとつは，校長が作成する学校運営の基本方針を承認すること，2つめは，学校運営・教育活動について教育委員会または校長に意見を述べることである．それに加え，教職員の任用に関して，教育委員会に意見を述べることもできる．なお，学校運営や教育活動等に対する意見は，委員個人の考えではなく，保護者や地域住民の代表者としての意見であり，学校運営協議会で合議し決定した意見となる．この制度では，学校運営協議会は，学校運営の主体として保護者や地域住民を位置づけ，彼らが委員として，校長や教師と共に学校経営の事項に関する議論や意思決定に積極的に関与することをめざしているのである．

しかしながら，実態はまだ，その域には達していないようである．橋本・岩永（2018）による2016年の調査では，2006年調査に比べ，保護者や地域住民の学校参加に関わる経験が増えたことで，校長や教師は，学校運営に参加に関して，その権利や有効性を認める傾向にあるという．また，中川・山崎（2016）は，調査からコミュニティ・スクールの導入は教師の意識改革に有効であり，学校の業務の見直しにつながっていることを示している．ただ，学校運営のパートナーとしての関係を築くには，保護者や地域住民の意識も含め，未だ学校側もその準備が整っているとはいいがたいようである（橋本・岩永2018）．特に，地域住民側では，委員は，学校支援や家庭教育支援に関わることについて積極的に意見を述べ，議論を活発化させているが，学校組織の経営そのものの議題に対して意見を反映させる傾向は低いという（仲田・大林・武井2011）．地域住民や保護者には，学校ニーズに関する認識不足や教職の専門性への遠慮などがある．したがって，教師の「地域とともに学校がある」という意識改革に加え，住民側の「地域の子どもを育てる」こと，「地域の学校」において自らもステークホルダーであるという意識改革が課題となる．

　学校運営への参画も，学校と地域の協働活動も，学校と地域とのパートナーとしての関係を築くには，先に挙げたように，教師と住民側双方が「地域の学校」や「地域の子ども」という意識を持ち，両者が協働することの有用性と権利を認識することが鍵となる．そのためには，さまざまな場面で地域住民と校長・教師とが関わる機会を増やし，学校と地域の情報と課題を共有化し，そして両者が関わる場面での成功体験を積み重ねることがまずは必要となろう．

注）
1) 文部科学省「平成29年度特別支援教育に関する調査の結果について」http://www.mext.go.jp/a_menu/shotou/tokubetu/1402845.htm（2018年10月20日アクセス）
2) 文部科学省「平成28年　日本語指導が必要な児童生徒の受入状況等に関する調査」によると，日本語指導が必要な外国籍の児童生徒は37,947人，日本語指導が必要な日本国籍の児童生徒は9,612人である．

3) 厚生労働省の「国民生活基本調査」の末子の子どもの年齢別にみた母親の就労状況をみていくと，小学生をもつ子育て家庭のうち，1995年代調査では就労する母親の割合は5割前後であったが，2017年の調査では，母親の就労は8割近くに達している．
4) ベネッセ総合教育研究所（2018）の調査によると，「子どもの学校での様子を保護者に伝える」ことや「学校の教育方針を保護者に伝える」ことを学校に望む保護者は9割を超えている．
5) 日本PTA全国協議会「平成29年度　教育に関する保護者意識調査―調査報告書―」2018年．
6) 放課後子供教室は，学校の余裕教室等を利用し，放課後や週末などにおいて，さまざまな体験活動や学習，文化活動，地域住民との交流活動等を，地域の大人の協力を得て取り組み，子どもたちの活動拠点となることをねらいとした事業である．
7) 文部科学省「地域学校協働活動パンフレット」2018年．http://manabi-mirai.mext.go.jp/kyodo/3613.html（2018年10月20日アクセス）
8) 文部科学省・国立教育研究所「平成27年度　地域学校協働活動の実施状況アンケート調査　報告書」2017年．
9) 文部科学省「コミュニティ・スクール導入状況調査」2018年4月1日．

引用・参考文献

岩崎功・松永由弥子「学校支援地域本部事業をめぐる現状と課題（2）〜地域住民の意識調査から〜」『静岡産業大学情報学部研究紀要』No.13，2011年，pp.179-212

中央教育審議会「新しい時代の教育や地方創生の実現に向けた学校と地域の連携・協働の在り方と今後の推進方策について（答申）」2015年12月21日

中央教育審議会「チームとしての学校の在り方と今後の改善方策について（答申）」2015年12月21日

登内光・上村恵津子「連携における保護者と教師のパートナーシップ関係構築」『信州大学教育学部研究論集』第11号，2017年，pp.219-238

中川忠宣・山崎清男「コミュニティ・スクールにおける教職員の多忙化（仕事量の増加）及び多忙感（ストレス）に関する一考察」『生活体験学習研究』16，2016年，pp.57-64，

仲田康一「保護者―学校間連携阻害要因認識の所在―教職員－保護者の認識のズレに着目して」『東京大学大学院教育学研究科教育行政学論叢』28，2009年，pp.29-40

仲田康一・大林正史・武井哲朗「学校運営協議会委員会の属性・意識・行動に関する研究：質問紙調査の結果から」『琉球大学生涯学習教育研究所センター研究紀要』

No.5，2011 年，pp.31-40

橋本洋治・岩永定「保護者・住民の学校運営参加に対する校長及び教員の意識に関する研究」日本福祉大学福祉社会開発研究所『日本福祉大学研究紀要―現代と文化』第 137 号，2018 年，pp.1-13

ベネッセ教育総合研究所「ベネッセ教育総合研究所・朝日新聞社共同調査 学校教育に対する 保護者の意識調査 2018（ダイジェスト）」

https://berd.benesse.jp/shotouchutou/research/detail1.php?id=5270（2018 年 10 月 20 日アクセス）

文部科学省「コミュニティ・スクール 2018 〜地域とともにある学校づくりを目指して」2018 年

http://www.mext.go.jp/a_menu/shotou/community/school/detail/1311425.htm（2018 年 10 月 20 日アクセス）

米澤基宏・尾崎啓子「保護者と教師間の信頼関係構築に向けた成功プロセスモデル」『埼玉大学教育学部教育実践センター紀要』11，2012 年，pp.9-15

吉田美沙・秋光啓子「教師が保護者との間に感じるズレとは何か―修正版グランテッド・セオリー・アプローチによる質的研究―」『日本教育心理学会総会発表論文集』48，2006 年，p.737

第12章　学校の安全をどう捉えるか

　「日本の教育を捉える」うえで，学校の安全というテーマはやや中心的ではないと感じられるかもしれない．しかし，机からトゲが出ていないか，実験器具が古くなっていないか，不審者がうろついていないか——これら一つひとつが日々の教育活動の基盤である．学校は1日の半分近くを過ごす場であり，保護者は学校を信じて長時間子どもを託している．学校で深刻な被害に遭わないことは，学習以前に重要であるはずだ．それと同時に，安全は子どもに伝えるべき重要な知識・価値でもある．すなわち安全は，教育の前提かつ目的である[1]．

1. 学校安全の歴史：その芽生え，社会問題化，法制化

　まずは日本の学校安全の歴史を簡単に振り返っておこう．戦前は戦争に役立つ国民を練成するために体罰が当たり前の体育活動が行われ，そこで起きた多くの事故は子どもの鍛錬不足と見なされていた．ここに学校安全という発想は乏しかったといえる．戦後，教育が国民の権利となったことで日本の学校安全は芽を出した．1960年に日本学校安全会（現，日本スポーツ振興センター）が設立，学校管理下での「被災」（負傷や疾病）に対して医療費や死亡・障害見舞金を支払う災害共済給付制度が開始された（2017年度の加入状況は小・中学校99.9%，高校97.6%）．また70年代には，被害の事後的な補償に加えて，被害の未然の防止が追求され始める．体育や課外活動中の事故，交通事故の防止を目的とした通知が文部省から出され，1978年には学校施設設備の安全点検義務が初めて法律に盛り込まれた．

　戦後に着実に根を張ってきた学校安全だが，それが一変したのが2000年代である．2001年6月8日，大阪教育大学附属池田小学校に男が侵入し，教室内で8人の児童が殺傷された．校門は開いており，宅間守元死刑囚は公判で「門

が閉まっていれば入らなかった」と述べたという．日本社会はそれまで「学校に居れば安心」という神話を信じてきたところがあったが，「池田小事件」はその認識を一変させ，全国的に不審者侵入対策が進む契機となった．2004～05年には下校中の女児が誘拐・殺害される事件が相次いだ．登下校が学校と家庭の間に位置する非常に守りづらい空間であることが明るみになり，地域住民や警察との連携が加速した[2]．そしてこうした動向は，2009年の学校保健安全法の制定に結実した．学校安全に特化した内容が盛り込まれた初の法律であり，国や自治体，学校設置者，各学校（校長）それぞれの責務と，家庭や地域，関係機関等と連携を図る必要性が明記された点が特筆すべきである．

2010年代は東日本大震災が発生し，情報化・グローバル化・地球温暖化などの社会の急速な変化に伴う想定外の課題も顕在化している．文部科学省は『学校安全の推進に関する計画』を2012年（第一次）と2017年（第二次）に策定し，新たな課題への対応を含めた学校安全の一層の推進をめざしている．

2. 多種多様な学校安全の活動

では，学校安全では具体的にどのような活動が行われているだろうか．『「生きる力」をはぐくむ学校での安全教育』（文部科学省，2010）に基づき，その全体像を概説しよう．不審者対策のイメージが強いかもしれないが，それよりはるかに幅広い活動が日々行われている．

まず，学校安全は「生活安全」「交通安全」「災害安全」の3領域に分類される．①生活安全は，授業・休み時間・部活動・登下校などの学校生活と，それ以外の生活全域における事故・犯罪被害，②交通安全は，歩行時や自転車，公共交通機関利用時などの事故，③災害安全は，地震・津波・水害・火災・原子力等の災害が，それぞれ対象である．そしてこれらに対処する活動は，大きく「安全教育」と「安全管理」に分けられる．以下で具体的に示していこう．

(1) 安全教育と安全管理の具体例

安全教育と聞いてまず想像しやすいのは，ホームルームや学校行事だと思わ

れる．不審者情報が寄せられたときや夏休み前など，学級担任から折にふれて指導がなされる．また学校行事としては，避難訓練や「交通安全教室」に加え，近年「防犯教室」の導入が進んできた．不審者に遭遇した際の大声の出し方やブザーの使い方など，さながら実戦形式のワークショップが行われている[3]．

加えて，各教科等の学習においても安全教育は行われる．保健体育での各競技の事故防止や応急手当，生活習慣や健康に関する学習，また総合的な学習の時間（総合）での「街の安全」調査や「安全マップ」の作成などがまず挙げられるだろう．それ以外にも多種多様な教科学習が安全教育に関わっている．家庭科で調理道具，図工・技術等ではさみや工作機械の安全な使用法を学ぶことは，総体として安全な行動様式の獲得を支える．さらには，理科で地震発生メカニズムや発火・通電の仕組みを，社会科で日本の地形・気候の特色や交通・原子力発電などの社会問題を，技術で金属・プラスチックなどの素材の特性を学ぶことも，安全を考える基礎的知識となる．なお道徳教育も，生命の尊重や決まりの遵守，公共心など，安全な生活を営む基盤に位置づく学習である．

以上からわかるように，安全教育は身近に迫る危険を回避するという短期的な側面もあるが，安全な行動様式を身につけさせ，他者や社会全体の安全に貢献する態度を養う長期的な側面まで，その射程は広がっている[4]．

学校安全のもう一方の車輪，安全管理は，子どもの生活・行動の管理と学校環境（施設・設備）の管理に大別できる．前者の対象は，窓から身を乗り出す，炎天下で運動を続けるなどの危険な行動である．また，悩みのある子，疲れている子は注意散漫から危険を呼び込みやすいので，心身の健康管理も対象である．さらに子どもは集団になると，いじめ含みの友人関係も作用して度を越した行動に走りやすく，「失神ゲーム」などの危険な遊びもしばしば流行する．このような健康状態や集団の関係性などの子ども理解が，管理の焦点となる．

他方で学校環境の管理は，たとえば廊下の滑りやすさ，サッカーゴールや遊具の固定，フェンスや外壁の破損，防火扉の作動，通学路のガードレールの有無，校門の施錠など，挙げればきりがないほどある．防犯カメラ・通報装置の新たな設置や大規模な修繕工事も場合によっては必要である．

事故等は，生活・行動の管理と学校環境の管理の双方の不足によって生じると捉えるべきである．たとえば，教室でふざけ合ってガラスが割れてケガをした場合，ふざけ合いを制止できなかった管理不足もあるが，ガラスが割れにくい工夫があればケガをしなかったかもしれない．また高所からの落下事故は，よじ登りやすい物が不用意に置かれていたことが原因かもしれないのである．

　ここまで論じてきた安全教育と安全管理は，子どもがどのような事故等に遭っているのかというデータ（学校段階・学年と，内容・状況等）に即して計画される．日本スポーツ振興センターが学校管理下における負傷・疾病をとりまとめているので，例として2つ紹介しておこう．表 12-1 は学校段階別の発生場所である．小学校は休憩時間，中・高校は課外指導（部活動等）が大きな割合を占める特徴が確認できる．また，表 12-2 は学年別の交通死亡事故である．小学校低学年も多いが，特に多いのは高校生である．各学校はこれらのデータと子どもの発達段階の理論的知識を総合し，事故等が起きる背景を考察する．そしてカリキュラムや行事予定を見通しつつ，学年ごとに，時期ごとに何をする必要があるかを学校安全計画として策定している．

(2) 危機管理：危険が迫り，被害が起きたとき

　東日本大震災では，高台に避難せず校庭に留まる選択をしたことによって児童・教職員 84 人が津波の犠牲となった，石巻市立大川小学校の悲劇が知られている．近年，教師のひとつの判断が生死を分かつ重みが強く意識されるよう

表 12-1　学校管理下における負傷・疾病の主な発生場所（件数・割合）

	各教科等	特別活動	学校行事	課外指導	休憩時間	通学中
小学校	102,321 28.4%	33,551 9.3%	14,062 3.9%	9,841 2.7%	**171,880** **47.8%**	28,244 7.8%
中学校	89,603 24.9%	9,132 2.5%	20,805 5.8%	**186,324** **51.8%**	43,197 12.0%	10,476 2.9%
高等学校	58,444 21.9%	2,061 0.8%	22,296 8.4%	**159,953** **60.0%**	11,022 4.1%	12,404 4.7%

出所）日本スポーツ振興センター「学校管理下の災害（平成 29 年版）」より作成．

表 12-2　学年別の交通死亡事故件数（2012 年度）

小1	小2	小3	小4	小5	小6	中1	中2	中3	高1	高2	高3
63	64	29	22	16	13	45	49	29	135	134	102

出所）日本スポーツ振興センター「通学中の事故の現状と事故防止の留意点　調査研究報告書」2014 年，より作成．

になってきた．そして，現実に危険が迫り，被害が生じる緊急事態を想定した「危機管理」が求められている．『学校の危機管理マニュアル作成の手引き』（文部科学省，2018）に基づき，概説しよう．

　たとえば，不審者侵入時の大まかな対応はこうである．正当な訪問理由があるか確認し，退去を求める．退去しない場合は説得を続け，さすまた・催涙スプレー等も用いて暴力を抑止する．その間に教職員に周知し，110 番通報，児童生徒の安全を確保する．万が一負傷者が出てしまったら，119 番通報と応急手当（止血・心肺蘇生・AED 等）を行う．そして，子どもの安否確認とケアに努める．形式的な訓練・研修のみでは，以上を滞りなく行うことは難しいだろう．年間 6 回もの不審者対応訓練を行う池田小学校では（大阪教育大学附属池田小学校，2017），「シナリオ（侵入経路・負傷状況等）」を事前に知らせない，終了後に振り返りを徹底するなど，訓練が形骸化しない工夫を施している．

　もちろん不審者対策に留まらず，学校への犯罪予告，テロ・弾道ミサイル，豪雨災害，熱中症など，危機管理の対象は日々顕在化している．特に食物アレルギーは，毎日の給食に関係する無視できない危機である．「エピペン Ⓡ」を処方されている子どもの場合，学校での保管場所や自分で注射できない事態に陥ったときの対応など，事前の十分な打ち合わせを要する．

　2016 年に出された「学校事故対応に関する指針」では，事後の危機管理の充実が図られることとなった．第一に，心のケアである．急性ストレス障害や PTSD（心的外傷後ストレス障害）では，体験した出来事が目の前で起きているかのようにフラッシュバックする「再体験症状」，体験を連想させるものからの「回避症状」，興奮や緊張が続く「過覚醒症状」の発生が考えられる．

　第二に，調査と報告である．事実を確認し，発生原因を究明して再発防止策

をとりまとめる．場合によっては第三者による調査委員会を立ち上げ，利害なき立場からこれを行う．これらを保護者会や記者会見の場で説明する．このときの学校は信頼低下という新たな危機に直面している状況であるともいえ，誠意をもった対応・説明が求められている．ただ，学校が責任回避から情報を秘匿・改変し，保護者との間でトラブルが長期化することもあるのが現実である．

3. 学校安全を困難にさせるもの

以上に見てきた安全活動が展開されつつも，学校は現在も危険で溢れ，安全に何ら気を配っていない場面すら散見される．2017年度の災害共済給付は205万3219件，2億4297万5000円にのぼり，学校管理下の被害の多さを物語っている．これは仕方がないことなのだろうか．この背景に何があるのか．本節では，学校安全を困難にさせるものを3つの側面から捉えてみよう．

第一に，教育の場であるからこそ，危険が見過ごされるという特徴を考えてみたい．「危険を怖がっては何もできない．教育に少々のケガはつきもので，やむを得ない」という考え方がある．「その通りだ」と感じる読者もいるかもしれない．ただ気づいておくべきは，こうした発想が部活動・体育的活動における事故の黙認・正当化につながっていることである．

その一例が柔道である．表12-3は，中学における運動別の負傷・疾病件数とそのうち頭部と頸部（首）を負傷した割合を示している．バスケットボール，サッカー，バレーボールと比べて柔道は多くないが，死亡・障害に直結しやすい頭頸部の割合が高いことがわかる．そして現に，1983～2017年度で121

表12-3 運動指導内容別の負傷・疾病と部位（件数・割合）

	合計	部位（件数と合計に対する割合）	
		頭部	頸部
1. バスケットボール	69,162	1,427（2.1%）	300（0.4%）
2. サッカー	36,727	1,492（4.1%）	286（0.8%）
3. バレーボール	28,855	591（2.1%）	220（0.8%）
柔道	9,195	710（7.7%）	540（5.9%）

出所）日本スポーツ振興センター「学校管理下の災害（平成29年版）」より作成．

件の死亡事故が発生している．柔道とはそういう性格のスポーツだと思われるかもしれないが，イギリスでは 1988 年以降，そして日本の競技人口の 3 倍を誇るフランスでさえ近年，18 歳以下の死亡事故は 1 件も起きていない（内田，2015）．もう一例，日本の運動会を彩る組体操も，小学校で 3,899 件（2017 年度）もの負傷が発生し，うち頭部が 6.5％，頸部が 6.3％だが，その危険性は軽視されがちである．学習指導要領への記載がまったくないにもかかわらず──．

これらの活動には確かに教育的意義はあるだろう．しかし，それを信憑することで安全は軽んじられ，「痛みこそ成長につながる」などと負傷を美談にすら変える．「もうきついです」と子どもが言い出せるほど教師と子どもたちの関係は対称的ではなく，部活動強豪校（組体操にも「強豪校」が存在する）であれば保護者や OB・OG の目もあり，過熱化を食い止めにくい．

また，教員個人の法的責任が問われにくい点も安全軽視に関わってきた可能性がある．著しい過失に対しては，安全配慮義務（注意義務）[5]違反として民事上の責任が問われることがあるが，公立学校の場合は国家賠償法 1 条 1 項が適用され，国・地方自治体が賠償責任を肩代わりする．これは，「ケガが怖いからやめよう」などと自由な教育活動が損なわれることを防ぎ，いつ責任を追及されるかわからない不確実な状況から教員を守ることを目的としている．教職の難しさを鑑みれば十分意義をもつ法制度だといえるが，重大な過失にもそれが適用され，教員が過剰に守られてきたとの批判もある[6]．

そもそも日本社会では，安全一辺倒は子どもの成長にとって害にもなると考えるところがある．防犯カメラや警備員に対して，「学校の要塞化」「監視社会化」などと子どもの自由が奪われると問題視したり，「他人を見たら不審者だと疑え」と教えているために挨拶しない子が増えている，と嘆いたりする言説がしばしば見られている．この背景には，本来は教育を意図していない領域をも〈教育的〉な価値で覆い尽そうとする日本的な志向性があり，その形成を歴史的に探索した広田（2001）は学校清掃を例に挙げている．清掃員が入る国も多いなか，日本では教育の時間として児童生徒に課している．登下校も同様であり，最も安全な通学手段としてスクールバスが活用されているアメリカやド

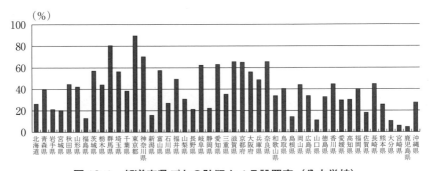

図 12-1　都道府県ごとの防犯カメラ設置率（公立学校）
出所）「学校安全の推進に関する計画に係る取組状況調査」（2015 年度）より作成

イツなどと異なり，日本では登下校を単なる移動時間ではなく，教育的に意味づけてきた．登下校の安全対策の強化に懐疑的な見方は，ここから生じる．

第二に，学校が公式／非公式に受ける「評価」の影響である．学校が信頼・権威を調達できた時代は過ぎ去り，不信・不満の矛先となる状況が続いている．また，学校選択制は公立学校にも競争原理をもたらした．これらは，自校の評価を下げる問題を隠蔽させる誘因となる恐れをはらんでいる．理科の実験中に児童が大やけどを負う事故が発生したある小学校の事案では，地域の評判を気にして救急車を呼ばなかった結果，被害が深刻化した（喜多・堀井，2010）．学校への評価のまなざしが強まることは，このような事態を増やす可能性がある．

第三に，財政的問題である．諸外国と比べて教育分野への公的支出が極端に乏しいことはよく知られているが，もちろん学校安全も例外ではない．「学校安全の推進に関する計画に係る取組状況調査」（2015 年度）によると，警備員を配置している学校は 9.7％，インターホンという基本的な設備すら 62.7％に留まっている．そして，公的支出の少なさは「安全格差」となって表れることになる．防犯カメラの設置率を都道府県ごとに比較すると（図 12-1），東京都の 90％から鹿児島県の 5％まで見事な差が表れている．

4. 学校安全のこれから：3つの重要な方向性

(1) エビデンス・ベイスト

　学校安全の課題を乗り越えるために，今後何が求められるだろうか．その方向性を3点指摘し，本章を閉じることとしよう．

　第一に，「根拠に基づいた（エビデンス・ベイスト）」視点である．2000年代以降の学校安全は，深刻な事件等を受けて衝動的に対策が進む傾向があった．それは，限られた危険を問題化する一方で，たとえば柔道や組体操の事故などの他の危険の存在を後景化してきた可能性がある．もしかしたら，私たちが十分気づけていない危険がまだあるかもしれない．エビデンスをきちんと参照することで，資源の配分の偏りを是正することにつながる．

　過去の被害から学ぶことは，学校が安全な場になるための強力なエビデンスとなる．2012年度から実施の学習指導要領で，中学校保健体育において武道が必修となった．必修化の是非は議論のあるところだが，柔道にふれる初心者が圧倒的に増えた現実に即せば，「どこまでなら安全で／どこからが危険か」の線を引き，「やりすぎ」を防ぐことが重要となる．そのためには，被害状況を科学的に分析し，どのような子ども（年齢，性別，経験）が，どのような状況下（時間帯，授業／部活動，かけられた技と相手）でどのような被害（負傷部位と程度）に至ったかを的確に捉える必要がある．こうしたエビデンスから，「1年生に試合をさせない」「投げ技は扱わない」「頭を打ったら十分な休息を与える」などのガイドラインが導き出せるだろう．組体操も同様に，どのような「形」や段数が適切なのかは，被害から学ぶことで見えてくると思われる．

　その教育活動に意義があるとしても，安全を犠牲にしてまで行うべきことなのか，他の教育活動で代替できないのか，あるいは教育と安全の間の均衡をとることはできないのか，という点の問い直しが必要である．

　そもそも日本は諸外国と比べ，被害事例を検証する仕組みの整備に課題がある．ようやく2015年度から，「子ども子育て支援新制度」に伴い，幼稚園・保育所・認定こども園等の施設において重大事故が起きた場合に報告を義務づけ，内閣府が情報を集約・データベース化する制度が開始された．そしてこれを契

機として，アメリカ，イギリスなどで運用されている「チャイルド・デス・レビュー（CDR）」の導入が望まれ，議論が進んでいる．乳幼児に限定せず，学校管理下も含めてすべての子どもの死亡事例を解剖にまわし，成育歴や生活背景などを含めて死因を究明してデータベース化する仕組みである．

事故等の要因は，設備の点検不足，統率のとれない活動，教員の配置不足など複合的だが，訴訟では直近かつ明白な過失（たとえば「見ていなかった」）に争点が集約されてしまう課題がある．再発防止策を講じるうえでは，法的責任の追及とは切り離された場で多角的に要因を把握することが重要である．

(2) 学校内外のさまざまな人びととの連携・協働と「開かれた学校づくり」

第二に，学校安全の課題の幅広さを鑑みれば，学校内外のさまざまな人びと（図12-2）との連携・協働が欠かせない．学校はもともと「外部」と連携しようとする発想が十分でなく，種々の学校教育問題が深刻化する背景ともなってきた．そこで1990年代末以降の教育政策の中心課題となってきたのが，「（地域に）開かれた学校」であり，学校安全にもこの方向性が求められている．

しばしば聞かれるのは，学校を「開く」ことで安全が損なわれるため，「閉じ」ざるをえないという指摘である．しかし，これは「開かれた学校」への誤解に基づく．「開かれた学校」は保護者や地域住民などの学校参画の活発化が趣旨であるため，物理的ではなく心理的な開放を意味している．そのため，校門を施錠し（物理的な閉鎖），名札などで来訪者の識別・管理を強化しつつ，活動面で学校を「開く」（心理的な開放）ことは矛盾せず，共に不可欠なのである．

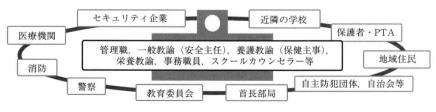

図 12-2　学校安全に協力する人びと

出所）文部科学省（2018）を参考に筆者作成

その一方で，保護者や地域住民の負担増大にも目配りしておく必要があるだろう．前節でふれたように，防犯カメラや警備員といった対策の強化に懐疑的な側面があるなかで，地域の「顔なじみ」による見守りの方が安心だとして，彼らのボランタリーな活動に依存しやすい傾向があるからである．

その点を踏まえると今後は，見守り活動などでの協力──「動員」といえる側面もある──に留まらず，幅広い意味での参画が求められていると考えられる．たとえば，誰もがいつでも授業を見学できるようにすることで，子どもを見守る目は恒常的に増える．教師が楽観していた危険への気づきを与えてくれたり，予算措置を行政に求めたりも期待できるだろう．加えて，学校は地域コミュニティの拠点であり，災害時には避難所ともなることから，万人にとって安全であるというユニバーサルな視点を加えることで，より社会的な意義が高まる．学校外の目が多く注がれることは，学校にとって短期的には「面倒」を増やすかもしれないが，長期的には学校を変革する契機ともなるのではないか．

また学校の「外部」だけでなく，養護教諭，スクールカウンセラー，事務職員など，「内部」の専門職との連携も一層重要となる．現在，複雑化・多様化した学校の課題に対応するために，諸外国に比べて多くの役割を担う教員の業務を見直し，学校内外の専門職や家庭・地域・関係機関と連携することを骨子とする「チーム学校」改革が進行している（中央教育審議会，2015）．「複雑化・多様化した学校の課題」の典型といえる安全も，「チーム学校」の観点で分担を模索することで，より水準を高めることができると考えられる．

(3) 学校安全の主体としての子ども

第三に，学校安全の主体として子どもを位置づけることである．子どもは大人が知らないところで，「ヒヤリ・ハット」（被害に遭う一歩前）や不審者からの声かけなどを経験しているかもしれない．子どもの目線こそ，大人の目線では気づけない危険を洗い出すのに有益である．

これはすなわち，「大人が子どもを守る」という関係性を相対化し，組み直すことでもある．たとえばネットの世界など，社会の変化の最前線にいるのは

子どもだったりもする．そこで起きる犯罪に対処するには大人がもつ知識も当然大事だが，大人の常識が逆に通用しない場面もあるだろう．そこで，スマートフォンを一律に禁止するだけでなく，自分たちで使用ルールを話し合う活動なども有効になってくると考えられる．また，「この川は絶対氾濫しない」「熱中症になる人は軟弱だ」などと古い常識にとらわれていることもあり，大人だから安全意識が高いとは限らない．そうした大人に早期の避難や休息を促すなどの意識を喚起し，社会全体の安全文化を創造する可能性をも有している．

安全マップ作りの活動は本来，学校や地域の安全の主体として子どもを参画させる意味で（小宮，2005），上述の方向性を体現している．しかし，不審者の出没箇所を教師や保護者が書き込むだけの実践も未だ一般的であり，安全をめぐる大人／子どもの関係性の組み直しは簡単ではないことがよくわかる．

学校関係者は，管理下で重篤な被害が1件でも起きたら悲しいことであると認識を新たにする必要があり，子どもを守るために得ておくべき知識・技能は非常に幅広い．そして学校安全は，日本の学校教育のこれからを構想するうえで象徴的かつ核心的なテーマである．ポータルサイト「文部科学省×学校安全」が開設されているので，これも活用しつつ，さらに学びを深めていってほしい．

注)

1) 本章の射程は「学校安全」である．隣接する活動には子どもの健康保持・増進を目的とする「学校保健」があり，健康診断，感染症，心の健康，性・薬物乱用・飲酒・喫煙，学校衛生管理（室温・水質等）が関係する．これらも安全を支える営みだが，本章では深入りしない．また紙幅の都合上，小学校から高校までを中心とし，幼稚園や特別支援学校の特殊性には踏み込まない．
2) 地域住民のボランティアに学校内外の警備を依頼し，指導役として警察官OBを委嘱するスクールガード事業が開始された．
3) 警察等が協力するもの以外では，NPO法人CAPセンターが提供する子どもへの暴力防止プログラム「CAP(Child Assault Prevention)」などが有名である．
4) 安全教育をさらに充実させるべく，統一的な場として教科化すべきとの議論もある（文部科学省，2017）．池田小学校の安全科はその先進例である．
5) ①事故等が起きる可能性を予見し，必要な対策を施す義務と，②被害を悪化させないために適切な処置をとる義務の2つに分けられる．

6) 昨今は，教員個人への責任追及の道も切り拓かれつつある．大分県立高校の剣道部における熱中症事故では，意識障害に陥った生徒を元顧問は救護せず，「演技じゃろうが」と平手打ちを繰り返した結果，生徒は死に至った．この件では全国で初めて，公立学校教員に対して賠償金の支払いを命じる高裁判決が言い渡された（『毎日新聞』西部朝刊，2017年10月3日，p.25）．

参考文献
中央教育審議会「チームとしての学校の在り方と今後の改善方策について」2015年
広田照幸『教育言説の歴史社会学』名古屋大学出版会，2001年
喜多明人・堀井雅道『学校安全ハンドブック』草土文化，2010年
小宮信夫『犯罪は「この場所」で起こる』光文社，2005年
文部科学省『「生きる力」をはぐくむ学校での安全教育』2010年
文部科学省「第二次学校安全の推進に関する計画」2017年
文部科学省『学校の危機管理マニュアル作成の手引き』2018年
大阪教育大学附属池田小学校『学校における学校安全・危機管理ガイド』東洋館出版社，2017年
内田良『教育という病』光文社，2015年

第13章　異文化理解をどう捉えるか
　　　　──教室の国際化と外国につながる子ども──

1. 空っぽのお弁当箱

　「5年生の…旅行の時だったかな．お弁当を持って来てくださいっていったんです．で，食べ終わったら捨てられるような容器でねって，よくあるじゃないですか．そうしたら，捨てられる容器を探して持って来てくれたけれども，中身が無かった．空っぽのお弁当箱でした．」

　上記のエピソードは，「外国につながる子ども」と関わった経験のある教員の方から伺ったもののひとつである．来日してまだ日本語に不慣れな子どもに，捨てられる容器でお弁当を持ってくるように伝えたが，中身が空っぽの，捨てられる容器だけを持ってきてしまったのだという．

　日本の学校に慣れ親しんできた者には，「お弁当は捨てられる容器で」といわれれば，帰りに荷物を軽くできるようにとの理由や，残してしまったものを食べてしまわないようにとの衛生上の配慮であろうことが容易にわかる．しかし，日本とは異なる文化のなかで育ち，なおかつまだ日本語がよくわからない状態の子どもにとっては，そう簡単にはいかない．その子にしてみれば，「捨てられる容器」といわれて，その通りに一生懸命に持ってきたはずである．だから，なぜ捨てられる容器が必要なのかも含めて理解してもらわなければならなかったと，その先生は仰っていた．

　何気ないようなことであるが，われわれにとっての「当たり前」が，必ずしも「当たり前」ではないことに気づかされるエピソードである．さらに，捨てられる容器でお弁当を持っていくことが「日本の学校文化」であることがわかる．異なる文化と出会ったときに，私たちは自文化を改めて意識させられるのである．ちなみにこの時は，担任の先生の愛妻弁当をその子と分け合い，他の

先生方も皆,「いいよいいよ」といいながらお弁当を少しずつ分け合って食べたという．

　グローバル化の加速する現代，異文化を身に付けた多くの人びとが日本社会に暮らしている．こうした状況は,「国際社会の中の日本人」「世界で活躍するグローバル人材」といったような「外向きの眼差し」に対して,「内なる国際化」と呼ばれる．

　法務省の統計によると，在留外国人の数は2018年6月末時点において2,637,251人で，過去最多となった．[1] 街中を歩いていても，電車やバスに乗っていても，外国の方と出会うことはもはや日常であるし，コンビニや飲食店でも大勢働いている．政府は，少子高齢化と人口減少による人手不足を背景として外国人労働者の受入れを今後も拡大する方針であり,「内なる国際化」はさらに進むと予測される．

　このように，国際化は私たちの身近なところで起こっている．学校も例外ではない．というより，すでに1990年代から多くの「外国につながる子ども」たちが日本の学校に通っている．現場では教育支援の試行錯誤や努力が日々積み重ねられており，むしろ学校は「内なる国際化」最前線のひとつであるともいえよう．

　ところで，ここでいう「外国につながる子ども」とは，外国籍の児童生徒のみならず，日本国籍を持つ場合でも本人や家族が外国とつながりのある児童生徒（国際結婚家庭に生まれ日本国籍を持つ場合，国籍変更手続きをして日本国籍を取得している場合など），さらには無国籍者[2]を指す．かつては「外国人児童生徒」というように国籍により分けて考えられてきたが,「内なる国際化」の進む現在，来日時の年齢や家庭内言語，生活環境によって子どもの事情はさまざまである．日本で生まれ育った「第二世代」も学齢期に達している．したがって，外国籍であっても日本語に支障のない場合もあれば，日本国籍であっても日本語指導が必要な場合もある．さらに，日本語での日常会話に支障が無くても，学年が上がるほど学習に必要とされる言語が難しくなり,「授業がわからないまま座っていた」というように，支援が無いと学習についていけなく

なるという場合もある．それは高校の中退率にも表れており，全国の高校中退率に対して，日本語指導が必要な生徒の中退率は7倍以上にも上る．[3]

このように，単に国籍や言語だけでは区別できない多様性を「外国につながる子どもたち」は持っている．冒頭の「空っぽのお弁当箱」の事例以外にも，これまでの「当たり前」だけでは対処できなくなるような事態は，学校生活においても，学習指導においても，さまざまな場面で現れる．国や自治体も支援のための補助や制度の整備に動いているものの，まだ現状に追い付いていないというのが正直なところであろう．

「外国につながる子どもたち」に，学校はどのように向き合っていくのか．異なる言語・文化的背景を持つ者同士が出会ったとき，相互に理解し合うことができるように，教師はどのような配慮や支援が必要なのだろうか．「外国につながる子どもたち」と教育については，不就学の問題と共に議論されることも多いが，本章では，公立学校における現況と，学校における異文化理解を中心に述べる．日本の学校教育は今，大きく揺さぶられている．

2．教室の「国際化」

(1) 概　観

ではまず，「外国につながる子ども」を取り巻く状況を概観してみよう．

図 13-1 は，公立学校に在籍する外国籍の児童生徒数である．公立学校で「外国につながる子ども」の増加が目立ち始めたのは，1990 年代からといわれている．その契機となったのが「出入国管理及び難民認定法」の改正 (1990) で，[4]これにより，ブラジルやペルーなど南米から多くの日系人が「出稼ぎ労働者」として来日した (いわゆる「ニューカマー」と呼ばれる)．彼らは，人手不足が深刻であった第二次産業を中心に就業し，やがて日本での滞在が長期化してくると家族を呼び寄せるなど定住化が進行した．たとえば，「ブラジリアンタウン」と呼ばれる群馬県大泉町や静岡県浜松市などがそれにあたる．

2000 年代に入ると，雇用情勢の悪化を受けて多くの日系人が帰国を余儀なくされたり，2011 年の東日本大震災の影響を受けたりして在留外国人数が減

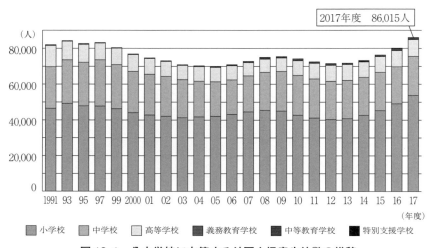

図 13-1　公立学校に在籍する外国人児童生徒数の推移
出所) 文部科学省「学校基本調査」(各年度) より作成

少した時期もあるが，来日背景は多様化しており，近年再び増加に転じている．2017年度の公立学校に在籍する外国籍の児童生徒数は，86,015人であった．

ただし，この統計はすべての「外国籍」の児童生徒数を表しているため，戦前から日本で暮らしていた在日韓国・朝鮮人，台湾人などの子孫（旧植民地出身者で，いわゆる「オールドカマー」と呼ばれる）といった，日本語を母語とする子どもたちも含まれている．また，日本国籍を持つ「外国につながる子ども」は含まれていない．前述の通り，「外国につながる子ども」は多様である．国籍という切り口だけでは現状を捉えることができない．

そこで，図13-2及び図13-3を見ると，公立学校に在籍する日本語指導が必要な児童生徒数の推移がわかる[5]．ちなみに，図13-3の日本国籍であるのに日本語指導が必要というのは，海外からの帰国児童生徒，日本国籍を含む重国籍者，保護者の国際結婚により家庭内言語が日本語以外のため日本語習得が不十分である者などであり，近年増加がいちじるしい．最新のデータによると，日本語指導が必要な児童生徒は，外国籍・日本国籍を合わせて全国に43,947人

第 13 章 異文化理解をどう捉えるか　165

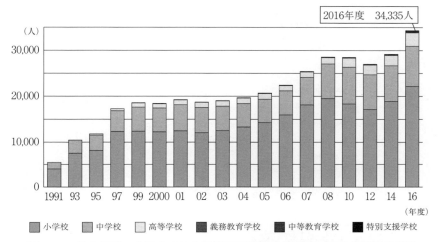

図 13-2　公立学校に在籍する日本語指導が必要な外国籍の児童生徒数の推移
出所）文部科学省「日本語指導が必要な児童生徒の受け入れ状況等に関する調査」（各年度）より作成

（2016 年度）で，1991 年の調査開始以来，過去最多である．

　これを都道府県別で見てみると，上位 5 つの都府県だけで全体の約 56％を占める．特定の地域に集中する一方，日本語指導が必要な児童生徒がひとりもいないという都道府県はなく，全国的に散在していることがわかる（図 13-4）．

　子どもたちの言語も多様だ．日本語指導が必要な外国籍の子どもを母語別に見ると，もっとも多いのがポルトガル語 8,779 人で，ブラジルに代表される日系人であると推測される．大きく増加したのが中国語 8,204 人で二番目に多い結果になった．次いでフィリピノ語 6,283 人，スペイン語 3,600 人，ベトナム語 1,515 人となっている．日本国籍の子どもの場合はこれとは異なり，使用言語でもっとも多いのがフィリピノ語 3,042 人，中国語 2,065 人，日本語 1,216 人，英語 1,044 人，ポルトガル語 552 人の順に続く．[6] 以上が代表される母語・言語であるが，その他に，タイ語，ネパール語，インドネシア語，ヒンディー語，ウルドゥー語，フランス語，ドイツ語，イタリア語，ロシア語，アラビア語などもあり，[7] 言葉の面から見ても実に多様化していることがわかるであろう．

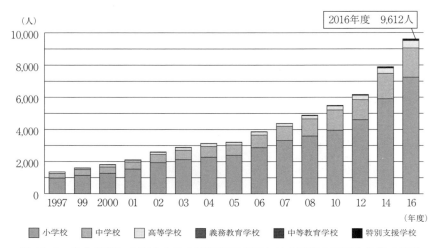

図 13-3 公立学校に在籍する日本語指導が必要な日本国籍の児童生徒数の推移
出所）文部科学省「日本語指導が必要な児童生徒の受け入れ状況等に関する調査」（各年度）より作成

　以上見てきたように，「外国につながる子ども」は増加傾向にあり，また背景や言語も多様である．このような状態を「教室の国際化」とするならば，今後さらに進展すると予想される．なお，上記の統計のなかには，外国人学校やインターナショナルスクールなどの各種学校に通う人数は含まれていないので，実際はさらに多くの「外国につながる子どもたち」が日本社会で暮らしていることを付け加えておく．

(2) 取り組み

　次に，「外国につながる子どもたち」に対する支援の取り組みを見ておこう．まず，日本語指導が必要な児童生徒のうち，いったいどれほどが日本語指導等の特別な指導を受けることができたのであろうか．2016年度は，43,947人中33,547人（76.3%）が特別な指導を受けることができた．しかし，残りの10,400人の児童生徒が，日本語指導が必要であるにもかかわらず指導を受けられていない状況にある．なぜ，指導が受けられないのか．学校側の理由の多くは，「日

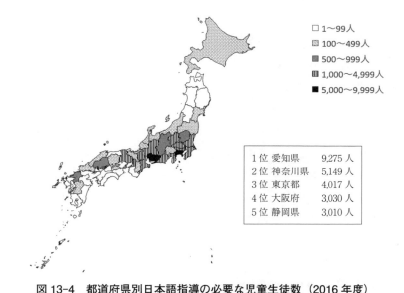

図 13-4　都道府県別日本語指導の必要な児童生徒数（2016 年度）
出所）文部科学省「日本語指導が必要な児童生徒の受入状況等に関する調査」（平成 28 年度）より作成

本語指導を行う指導者（担当教員，日本語指導支援員等）がいない（不足も含む）」という回答がもっとも多く，次いで「在籍学級での指導で対応できると判断」，「指導のための教室や時間の確保が困難であるため」「日本語指導の方法が分からなかったり，教材等がなかったりするため」となっている．

これについては，たとえば外国籍児童生徒が在籍している学校数を見てみると，小・中・高・義務教育学校・中等教育学校・特別支援学校を合わせて全国に 7,020 校ある．そのうち 30〜49 人在籍している学校が 134 校，50〜90 人という学校が 46 校，なかには 100 人以上在籍しているという学校も 11 校ある．しかし，5 人未満の学校が 5,291 校と全体の 75.4% を占めている．この結果から，全体として増加傾向にあるものの，1 校当たりの在籍人数で見ると 5 人未満の学校が大半ということもあり，特別な指導を行う指導者の確保や体制を整えることが困難なのではないかとも考えられる．

また，日本語ができないことを理由に特別支援の対象とするケースもある．文部科学省はこのようなケースは想定していないというが，外国人が多く住む地域の小学校で，日本人の2倍以上の比率で特別支援学級に在籍しているという調査結果もある[8]．学校側が特別支援学級について丁寧に説明したつもりでも，理解しないままに了承する親も多いという．

　このように課題も見られるが，日本語指導の専門性をそなえた教員を養成するための取り組みも各地で本格化している．たとえば，浜松市では日本語指導の核となる人材を育成しようとしている．日本語指導担当教員は数年単位で代わることが少なくないので，市内各地で指導全体のレベルを上げることも見据えているという[9]．また，福岡市のように，教員採用試験に日本語指導教諭の枠を設ける自治体も出てきている．「アジアの玄関口」とも呼ばれる福岡市は留学生や外国人労働者が予想を上回って急増し，日本語が十分に話せない子も増えたことが背景にあるという．

　文部科学省も，「外国につながる子ども」への支援施策を行っている．2014年には学校教育法施行規則を改正し，個別の日本語指導を「特別の教育課程」として正規の教育に位置づけた．「特別の教育課程」は，義務教育諸学校において，在籍学級の教育課程の一部の時間に替えて在籍学級以外の教室で行うものである．たとえば，午前中は在籍学級から日本語教室に通級させ（取り出し授業），お昼に再び在籍学級に戻り給食を一緒に食べ，午後の授業を受ける．日本語で学校生活を営むとともに学習に取り組むことができるようにすることが目的であり，日本語の習得状況や学習の進捗状況に合わせて指導計画を作成し，学習評価を行う．

　また，公立学校での受け入れ・支援体制づくりや，不就学等の外国人の子どもの就学支援体制の整備を進めている．このような学校教育における日本語指導体制の整備を行うことで，組織的・継続的な支援の実現が期待されている．

3．「外国につながる子ども」と異文化理解

　以上のような状況をふまえ，学校における異文化理解をどう捉えていけばよ

いだろうか．「外国につながる子どもたち」にとって最初に大きな課題となるのが言語であるが，その他にも慣習，宗教，母国との教育制度や学校に対する位置づけ，学校と保護者との関係性の違いなどが，「異文化」として現れることがある．そのため，学校や教師には異文化への理解と，多様な児童生徒に対する配慮や支援が求められる．併せて異文化理解には，相手の文化を理解する側面と，こちらの文化を理解してもらう側面があるので，丁寧に説明をして折り合いをつけていくことも求められる．なぜなら文化的相違が原因で，学校と子どもや保護者との間に誤解や不信感を招いてしまったり，子ども同士のトラブルやいじめの原因ともなりかねないからである．例としていくつか取り上げてみよう．

(1) 言　語

言葉の壁により周囲との関係構築に子どもや保護者がストレスや悩みを抱えたり，居場所を無くしたり，学力問題やその後の進学，就職にも関わるため，言語は非常に大きな位置を占める文化である．そのため，「外国につながる子ども」にとって日本語指導や支援はとても大切で，教育現場の懸命な努力や実践が実を結んでいることはいうまでもない．

しかし「文化」として言語を捉えると，否応なしに日本語への同化の圧力にさらされるという側面もある．ドキュメンタリー映画『ハーフ』[10]の中で，米国で生まれ育った日本とメキシコのハーフの男の子が登場する．日本語にまだ不慣れな面もあった彼は小学校の担任教師から頭が鈍いといわれ，自信を失い体調を崩してしまう．心配した家族が，母親の母国であるメキシコにひとりで行かせると，スペイン語で楽しそうに話をするおしゃべりな彼の姿があった．母語もまた，自己の出自に誇りを持ち生きていくために，大切な文化なのである．母語で挨拶を交わしたり，「子ども母語教室」などの取り組みもなされている[11]．

(2) 食　事

日本では給食でもお弁当でも教室等でみんな一緒に昼食をとるが，このよう

な習慣のある国は少ない．そのため，学校給食の場合は教育活動の一環（健康の維持増進，食習慣の育成，社交性および協同の精神の育成等）として位置づけられており，原則として食材の変更を認めていないことを理解してもらう必要がある．お弁当については，近年の和食への関心から「BENTO」文化として知られてきているが，見たことが無いという外国人保護者が多い．お菓子や生ものを持って来てしまうこともあるため，写真などを使いながら具体的に説明する．子ども同士でお弁当を見せ合ったりもするので，子どもの気持ちに配慮して保護者に理解してもらうことが必要である．

(3) 宿　題

　文化によっては，学校では勉強，家では家族との時間を過ごすものと区別して考えるところもある．日本では家庭学習の習慣を重視していることを保護者にきちんと伝え，子どもが宿題をしているかを保護者に確認してもらいたいということを伝える必要がある．

　また，次のような事例もある．日本語教室を行う NPO で，子どもから読書感想文についての相談を受けた．日本語での読み書きについての相談かと思われたが，話を聞くと，彼の家には一冊も本が無いのだという．日本語教師は一冊も本が無いということに驚いたというが，もしこれを知らないまま子どもが宿題を提出できなかったとしたら，どうだろうか．「宿題をしなかった」のと「宿題ができなかった」のには大きな違いがある．このように，何かをかいつまんで自分の基準で判断するのではなく全体の中で理解する姿勢（文脈理解）も大切である．

(4) 宗　教

　宗教上の忌避事項について，学校と家庭とが事情や考え方を事前に話し合い，無理のない範囲で工夫していくことが重要である．

　たとえばイスラム教徒の場合，豚肉と酒が禁じられている．みりんなど酒が原料となるものや，スープの素に豚肉のエキスが入っていると口にできないの

で給食をそのまま食べることは難しく，お弁当を持参させることが多いのが現状である．アレルギー対応の延長で何とかできないかという要望もあるが，時に命の危険も伴うアレルギー対応が手薄になることを懸念する声も聞かれる．

　服装についても，肌の露出が禁じられている場合があり，体育の授業や身体測定などで配慮が必要である．ピアスやネックレスなどの装飾品も，単なるアクセサリーではなく宗教上のお守りという意味がある場合もある．

　上記はほんの一部にすぎないが，日本の学校文化においては「当たり前」と思われていることが，実は多様な在り方のひとつなのである．「内なる国際化」がますます進むなか，「外国につながる子ども」と多様性をいかに受け入れていくかということが重要になってくるであろう．

　また，日本の学校教育はひとつの方向に向かわせる力が強く働いているといわれる．日本の子どもは「外国につながる子ども」と一緒に過ごした時，なぜあの子はアクセサリーを身に付けることが許されているのか，プールに一緒に入らないのか，いつもお弁当なのか等，「皆と同じではないこと」を肌で感じている．何もわからなければ，同調圧力や，異質な存在として排除するきっかけにもなり得る．そのため，教師は教育活動を工夫し「同じではないこと」の背景を知ろうとする思考習慣を子どもに身につけさせたい．子どもにとって身近なところにある疑問が納得に変わる過程から，異文化理解は始まっていく．

4．一人ひとりに応じた指導・支援を

　異文化理解の根底をなす考え方は，一人ひとりの子ども，一人ひとりの人間は皆違うということである．たとえば，言葉の問題でなかなか周囲と馴染めない子も多いが，日本語が話せなくてもニコニコしてすぐに仲良くなってしまう子もいれば，もともとコミュニケーションが苦手な子や，独りで過ごすことを好む子もいる．それは日本人でも同じことである．つまり，異なる文化について知っておくべきことや配慮すべきことを踏まえつつも，「外国につながる子どもだから」というステレオタイプ的な見方に陥らず，子ども一人ひとりの行

動を細かく見て把握し，それに応じた指導や支援を行うことが不可欠である．

　逆の立場を想像してみて欲しい．もし，あなたが突如として言葉も生活習慣も異なる地の学校に通うことになったとしたら．そのとき，どんな手助けが欲しいと考えるだろうか．

注)
1) 法務省「平成30年6月末現在における在留外国人数について（速報値）」http://www.moj.go.jp/nyuukokukanri/kouhou/nyuukokukanri04_00076.html（2018年9月29日アクセス）
2) オーバーステイなどの理由により届出がなされず，就学の機会を逃してしまう．こういった実態を把握するのは困難で，無国籍の子どもは「見えない子ども」になってしまう．
3) 『朝日新聞』2018年9月30日．高校入試で日本語指導が必要な子どもの特別枠が設けられているところもある．これにより進学目標が持ちやすくなるが，中退率の結果から，入学後の継続した支援も課題であると指摘できる．
4) この改正により，新たに日系三世までとその配偶者とその子ども（未婚未成年）に対して就労に制限のない在留資格「定住者」が付与された．
5) 「日本語指導が必要な児童生徒の受入状況等に関する調査」は，外国籍の子どもが急増し始めた1991年度に始まり，現在は2年に1回行われている．
6) 文部科学省「日本語指導が必要な児童生徒の受入状況等に関する調査（平成28年度）」の結果について」http://www.mext.go.jp/b_menu/houdou/29/06/1386753.htm（2018年9月22日アクセス）
7) その他の言語については，文部科学省「日本語能力が十分でない子供たちへの教育について」を参照した．https://www.kantei.go.jp/jp/singi/kyouikusaisei/dai35/sankou1.pdf（2018年9月27日アクセス）
8) 『朝日新聞』2018年6月24日朝刊
9) 『朝日新聞』2018年7月10日朝刊
10　映画『ハーフ』監督 西倉めぐみ・高木ララ，2016年
11) 末藤美津子「外国につながる子どもたちへの教育支援—多文化共生社会の構築をめざして—」『東京未来大学研究紀要』第4号，2011年

引用・参考文献
臼井智美『学級担任のための外国人児童生徒サポートマニュアル』明治図書，2014年

臼井智美「国際理解及び異文化理解教育」『免許更新講習から学ぶ教職論 新・教職リニューアル─教師力を高めるために─』ミネルヴァ書房，2016年
森雄二郎「外国にルーツを持つ子どもの教育支援に関する一考察」『同志社政策科学研究』20巻1号，2018年

第14章　教職の学びをどう捉えるか

1. 教師のイメージ

　教師は，どのようにイメージされているであろうか．マスコミ等では，「先生は忙しい」と盛んに報道されている．2016年度の文科省の調査によると，教員の1週間の平均勤務時間は，小学校教諭で57時間25分，中学校教諭で63時間18分となっており，労働基準法が定める週40時間（1日8時間）の上限を，大幅に超えている．また，残業が月80時間以上の「過労死ライン」に達する教員は，小学校で約3割，中学校で約6割に上るとされている．さらに，2013年にOECDが行った調査では，日本の中学校教員が1週間に働く時間は，調査対象の世界34カ国のなかでもっとも長く，平均の1.4倍にもなっている．こうしたことを背景に，「学校はブラック職場」とまでいわれている[1]．

　このように，今は「多忙な教師像」が一般的なイメージであろう．しかし，そうした切り口では捉えきれない，別の教師像もあるのではないか．教師はどのような仕事をして，何に生きがい感じるのであろうか．ごく普通の教師の姿について，明治学院大学で教職キャリア・アドバイザーを務めている麻野英夫先生に語ってもらうことにした．麻野先生は，中学校の社会科教諭として11年，小学校と中学校で管理職を15年，教育委員会で10年勤務した経験をもつ．2017年3月に定年退職するまで36年間，学校と関わり，教育現場の隅々まで知り尽くした人物である．麻野先生に，「教師生活の実際」，「教師にとって大切なこと」等，教師のリアルな姿について，以下に寄稿していただいた．

2. 教師生活の実際
(1) 嬉しかったこと
○エピソード1：ささいなこと

　私は，「自主・自律・創造」を目標に学級（学校）経営を行ってきた．学校を創造するのは誰だろうか．主人公は，児童生徒である．自治的な学級（学校）作りこそが大切である．

　私が，中学3年生の担任をしていた時のこと．12月～1月は，進路相談のために出張することが多く，そのためクラスを空けることがよくあった．ある日突然，一人の生徒が，「先生，安心して，出張してきて下さい」といってきた．私としては，担任がいないことで生徒が騒ぎ，他の先生に迷惑をかけるのではないかと心配していた．そんな時に，そうした言葉を聞き，ビックリした．出張後，学校に戻ってくると，他の先生から「ヤンチャな生徒達も，今日は良くやっていましたよ」と報告を受けた．翌日の朝の会で，私はクラスのみんなに「『ちゃんと自習をやっていましたよ』と他の先生が言っていたよ」と話した．ささいなことにすぎないが，子どもたちの自主性，自律性を感じることができた一コマであった．自分の指導が行き届いていたことを知ることができ，嬉しかった．

○エピソード2：入学式の翌朝

　私が，小学校の校長をしていた時である．入学式の翌朝に，4月だというのに珍しく雪が降った．入学式の次の日なので，1年生の中には，登校をぐずっている子がいたり，校舎に入りたがらない子がいたりした．その上，雪の寒さで震えている子もいる．その時，私は，6年生全員に「1年生が大変だから，手伝ってくれないか」と頼んだ．すると，6年生たちは，昇降口で，長靴を脱がしてあげたり，傘をたたんであげたりした．教室でも，タオルで体をふいてあげたり，ランドセルを下ろしてあげたりした．6年生は，嫌な顔ひとつせず，いわれていないことも率先して行動してくれた．助け合う行動は，教室外での学びである．上級生の温かさや大きさを感じた．前日の入学式の校長の話で，

私は「お兄さんお姉さんと，学校生活を作っていこうね」と全校児童に向けていっていたが，本当に行ってくれた．良い空気が学校の中に流れ込んだ一瞬であった．

○エピソード3：作業服の青年

　もう20年くらい前の話である．中学校で教頭をやっていた時に，3年生にある男子生徒がいた．彼は，諸事情により，教室に入れない生徒であった．不登校の生徒は，教頭が担当することになっていて，そこから彼との関わりが始まった．登校したときには，学校内の環境整備（ペンキ塗り，ゴミ穴掘り，花植え，植栽の剪定等）を手伝ってくれた．土日には，スーパーへの買い物から，薪集め，飯ごう炊飯（カレー作り）を行った．なんとか彼は，中学校を卒業していった．

　しばらくして，私はその中学校から異動することになり，離任式が開かれた．離任式が終わった後，花束を手にした作業服の青年がやってきた．彼である．私が離任することをどこで聞きつけたのか，突然現れた．卒業してもう3年がたっていた．彼は定職に就き，社会人として歩んでいるとのことであった．彼と一緒に過ごした日々を思い出し，非常に懐かしく思った．

○エピソード4：オリンピックの年

　私が担任をした34年前の中学3年生の教え子達と，オリンピックが開催される年に，飲み会をしている．彼らは，私が中学校で初めて卒業させた教え子達である．4年に一度開かれるクラス会に参加するのは，50歳近い中年の面々である．仕事の話，家庭の話，子どもの結婚や孫の話と花が咲き，最後はやっぱり中学校時代の思い出話となる．とても楽しいひとときである．なぜ，このクラス会は楽しいのか．「生徒指導は，生徒理解に始まり生徒理解に終わる」といわれる．「生徒理解の始まり」は，中学生時代のことである．このクラス会は，「生徒理解の終わり」に近づいている場面なのかもしれない．教え子達が，卒業後，どういうふうに生きているのかを見届けたいのだと思う．それは，大手企業に勤めているとか，社長に出世したとかということを期待している訳で

はない．そうではなく，中学生の時，ちょっと内気だが心優しい性格だった教え子が，その後ちゃんと社会生活を送っているのかが気になるのである．卒業後に教え子と会う時，教師の醍醐味を感じる．

(2) 辛かったこと

入学式の校長の挨拶に「子どもさんをお預かりします」のひと言がある．ここから学校生活がスタートするわけだが，4月初めの学級開き，40人の個性豊かな生徒たちと出会い，よりよい人間関係を構築しながら学期が進行する．翌年2～3月の卒業・進級期の成長を展望するものの，その途中で深刻な事態も生じる．長い教員生活の中では，勤務校で児童生徒が病気や事故で亡くなることがあった．この経験は，もっとも辛いものであり，長い間，心を痛めるものである．

そうした本当に深刻な出来事以外では，保護者との関わりのなかで，大変なことがあった．ひとつは，言葉・思いが通じなかった時である．私は，相手が見当違いなことをいってきたとき，相手が悪いのではなく，「自分が，よく伝えられなかった」と思う傾向がある．それでも，保護者の中には，私が思い描くように言葉を受け取ってくれずに早合点し，「先生は，なんでそういう言い方をするんですか」といってくる人がいる．そういうときは辛い．もうひとつは，学級担任に相談しない保護者である．クラスで起こったことを，学級担任には相談せず，校長に直接話を持っていってしまう保護者がいる．あるいは，子どもが通っている学校を通り越して，すぐに教育委員会に話を持っていってしまう保護者がいる．学級担任や学校を信頼していないと感じ，辛く思った．

このように，保護者との関わりのなかでは，辛いこともあった．しかし，学校は，保護者と連携しないと，絶対に良い教育は行えない．地域との連携も同様である．さまざまなことがあるにせよ，保護者としっかりとした関係を築き上げていくことが重要である．

3. 教師にとって大切なこと
(1) 信頼される教師

「学級は社会の縮図である」．たくさんの喜びも悲しみも学級が舞台である．居心地のいい学級とはどのようなものか．全員が揃うことなく，青空のような心になれなかったことが多い．でも，学級担任が，生徒一人ひとりをかけがえのない存在と思い，気にかけ続け対応する心根は忘れまい．

信頼される教師とは，どのような教師なのか．それは，子どもの良さを見つけて，伸ばしてあげる教師である．子どもの良さは，いろいろある．勉強ができる子，部活動で活躍している子，学級委員をやっている子等々．それだけではない．思いやりのある子，気配りができる子もいる．どんなことでも良いので，子どもの長所を見つけて，認め励まし応援してあげることで，信頼される教師になることができる．

子どもの良さを見つけるためには，子どもと深い関わりをすることが必要である．中学生までは，教師の方からいくことである．待っていないで，気にかけ，案じて，声かけをすることが大切である．

子どもは遊びの王様である．子どもは，いろいろなことをたちまち遊びに変えてしまう．この遊びの場面に，子どもの本来の姿が出る．何気ない自然体の児童生徒の姿を見ると，その子の良さを発見できることが多い．子どもと一緒に遊びながら，キラリと光る所を見つけてほしい．

(2) チーム学校の一員

たくさんの笑顔や喜々とした子どもたちの表情を見ることはうれしい．しかし，大変な問題や重大な状況に陥ったときに，その局面をどう乗り切るか．一人ひとりの教員の力量はもちろんだが，校長を中心としたチーム（組織）の和が，困難を克服する鍵となる．チーム学校の一員として意識し，行動することが重要である．

また，学校外の連携も重要である．私が小学校長をしているとき，ある中学校の英語教員が「何か，お手伝いや協力できることはありますか」と，学区内

の4つの小学校へ出向き，連携しているという話を耳にした．その中学校の校長と英語科主任に脱帽である．児童が進学してお世話になる上級学校の教員が，来校してくれるのは嬉しいものである．しかも，定期的な情報交換を行うことに加えて，その専門性やスキルを伝授してくれる．小中が連携することで，より良い教育を行うことができるようになる．多様化する学校現場において，学校内外の連携はきわめて重要であり，教員や児童生徒の問題解決や意識高揚の上でも効果的である．

4. 教師をめざすあなたへ

(1) 日記を書き，議論する

日記を書きましょう．いつどこで何をしたといった5W1H的なものでも良い．とにかく，書くことが大切である．それは，教員採用試験の論作文対策につながる．それだけではなく，教師は，文章を書くことが多い．学級だより，通知表のコメント欄，家庭との連絡帳や手紙等．ものを書く力をつけたい．

また，日常生活のささいなことでも良いので，友だちとよく話し，意見交換をしてもらいたい．私は，教員をめざしている学生たちとランチ会を定期的に開催している．そこでは，教員採用試験対策はもちろんのこと，アルバイトやサークルのこと，悩み事等いろいろな話題が出る．どんなことでも良いので，考え，議論することが大事である．それが，やがてHRでの担任の話，アクティブラーニングでの指導につながっていく．

(2) 友人と自己理解

教員採用試験で「あなたの友人は，あなたの長所を何と言っていますか」と質問されることがある．その質問は，あなたの長所を聞きたいのではない．そうではなく，あなたには「何でも言い合える友人がいますか」と聞いているのである．社交的かどうかを尋ねているのである．教師は，たくさんの人たちと関わることになる．多様な人と関係を構築できる力を身につけていきたい．

なお，自分を知るには，自分ではわからない．友だちをはじめ，たくさんの

人と関わることで，自己理解が深まっていく．自己を知るためにも，いろいろな人びとと接することが重要である．

　人と関わることの初めは，挨拶である．誰でも良いから，挨拶をしてみよう．そうすれば，そこから新しい関係が開ける．私は，JR品川駅から大学のある白金台まで，20分くらい歩いて通勤している．その途中，工事中で交通整理をしているおじさんに毎日挨拶をしていた．そのうち，お互いに挨拶をする関係になった．ある時，そのおじさんから「今日は早足だな」といわれた．私は少し微笑みながら「そうですか」と返事をした．新しい関係が生まれた瞬間だった．教師と生徒との関係も同じである．まずは，しっかり挨拶を…．

(3) 現場に扉あり

　「現場に扉あり」．教員をめざす学生さんたちは，教育現場に足繁く通うことをお勧めする．教育現場で，見聞を広げることで，生徒理解に役だったり，保護者の言葉に素直に耳を傾けることができたりするのである．きっかけは何でも良い．学校ボランティア，学習支援，部活動指導等々．それから，恩師とのコミュニケーションも重要である．時々母校に帰り，恩師に挨拶に行くことが大切である．教育実習に行く前に，教育現場で，いま起きていることを肌身で感じ取ってきてもらいたい．

(4) 教育は人なり

　教員を志す学生が，恩師の人柄や指導の場面を興味深く語ることがある．教員の存在は，子どもの人生や生き方の選択に大きな影響を与える．「教育は人なり」という言葉にも通じている．自分を振り返って，今までに出会った先生について考えてみてはどうだろうか．私は「進化する教師であれ！」と職員会議で指導したことがある．学校は，22〜65歳までの教員たちが協働する職場である．活気が溢れる，笑顔が溢れるには，会話が溢れる教員集団づくりが必要である．魅力ある教師，味のある教師をめざして欲しい．

5. 教師とは

　麻野先生の文章を読むと,「多忙な教師像」だけでは捉えきれない教師の姿が見えてくる．教師は多様な姿をしている．「教師とは何か」．ぜひ答えを見つけてもらいたい．

　ところで,「教師は5者たれ」という話がある．すなわち,「①学者たれ（よく学び, 専門分野を深めなさい), ②医者たれ（子どもをよく診て, 観察し, しかるべき治療を施しなさい), ③易者たれ（子どものそれぞれ持っている長所を見抜き, 成長への道筋をつけなさい), ④役者たれ（子どもをひきつけ, 楽しい授業が展開できるようにしなさい), ⑤芸者たれ（子どもを楽しませる術を身につけ, 子どもの心をひきつけなさい)」である[2]．こうした話も含めて, 学生時代にどのような力をつければ良いのかを考えてもらえれば幸いである．

注）
1) 『朝日新聞』2018年5月16日付, 2018年6月10日付より
2) 佐藤徹編著『教職論』東海大学出版会, 2010年．p.18

資 料

年表（主として1872年以降）

	1800年代（事項・人名）
63	ヘボン塾（横浜）
71	文部省設置
72	学制公布『被仰出書』 文部省『小学教則』『中学教則』 師範学校（東京），女学校（東京） 福沢諭吉『学問のすすめ』
73	デビッド・マレー⇒文部省督務官（学監）
75	米 フランシス・パーカー⇒クインシー運動 文部省⇒学齢（満6～14歳） 同志社英学校（京都）
77	東京開成学校＋医学校（東京大学） 東京一致神学校（築地）
78	京都盲唖院
79	第1次『教育令』元田永孚⇒「教学大旨」
80	第2次『教育令』（改正教育令）
81	文部省『小学校教員心得』『小学校教則綱領』
82	『軍人勅諭』 元田永孚『幼学綱要』 大隈重信⇒東京専門学校（早大）
85	第3次『教育令』 初代文部大臣・森有礼 伊沢修二⇒「開発主義教育」
86	『帝国大学令』⇒東京帝国大学 『師範学校令』⇒東京高等師範学校 『中学校令』『小学校令』 教科用図書検定条例 修学旅行⇒東京師範学校
87	明治学院（白金）
89	『大日本帝国憲法』 学校給食⇒山形県鶴岡町・私立忠愛小学校
90	『教育勅語』渙発 『小学校令』（改正）
91	東京・滝乃川学園 内村鑑三⇒一高不敬事件 『小学校祝日大祭日儀式規程』

92	久米邦武筆禍事件
93	「君が代」
96	米 ジョン・デューイ⇒実験学校
97	第1次『師範教育令』 京都帝国大学 視学
99	米 ジョン・デューイ『学校と社会』 独 パウル・ナトルプ『社会的教育学』 『中学校令』『実業学校令』『高等女学校令』 『私立学校令』 文部省『訓令第12号』 視学官，郡視学

	1900年代
00	典 エレン・ケイ『児童の世紀』 『小学校令』（改正，修学年限4年） 『市町村立小学校教育費国庫補助法』
02	仏 エミール・デュルケーム『道徳教育論』
03	『専門学校令』 国定教科書制度 七博士意見書
05	米 アルフレッド・ビネー，テオドール・シモン⇒知能測定尺度（ビネー・シモン法）
07	伊 マリア・モンテッソリー⇒「児童の家」 『小学校令』（改正，修学年限6年） 東北帝国大学
08	独 ゲオルグ・ミハエル・ケルシェンシュタイナー⇒労作学校
09	沢柳政太郎『実際的教育学』
11	九州帝国大学
13	米 ポール・モンロー『教育百科辞典』 芦田恵之助『綴り方教授』
16	米 ジョン・デューイ『民主主義と教育』 米 ルイス・マディソン・ターマン⇒スタンフォード・ビネー改訂増補ビネー・シモン知能測定尺度
17	米 スミス・ヒューズ法 独 ケーラー『類人猿の知恵試験』 ロ ナデジダ・クルプスカヤ『国民教育と民主主義』

	沢柳政太郎⇒成城小学校 臨時教育会議
18	英『フィッシャー法』 ソ『統一労働学校令』 『高等学校令』『大学令』 北海道帝国大学 鈴木三重吉『赤い鳥』(～1936)
19	米 ウィリアム・ヒアド・キルパトリック⇒プロジェクト・メソッド 米 カールトン・ウォッシュバーン⇒「ウィネトカ・プラン」 独 統一学校運動 襖 ルドルフ・シュタイナー⇒自由ヴァンドル府学校 独 エドゥアルト・シュプランガー『文化と教育』 山本鼎⇒自由画教育運動
20	米 ヘレン・パーカスト⇒「ドルトン・プラン」 森戸事件
21	八大教育主張講演会 羽仁もと子⇒自由学園
22	仏 エミール・デュルケーム『教育と社会学』 米 ジョン・デューイ『人間性と行為』
23	独 エルンスト・クリーク『教育の哲学』 関東大震災 「国民精神作興ニ関スル詔書」 『盲学校及聾唖学校令』 木下竹次『学習原論』
24	独 ペーター・ペーターゼン⇒「イエナ・プラン」 川井訓導事件 下中弥三郎⇒児童の村小学校
25	『普通選挙法』(成年男子) 『治安維持法』 『陸軍現役将校学校配属令』
26	英 アレクサンダー・サザーランド・ニイル『問題の子ども』
27	中 陶行知⇒暁荘実験学校
31	大阪帝国大学
32	滝川事件
33	国際連盟脱退
34	米 コア・カリキュラム⇒「ヴァージニア・プラン」
35	『青年学校令』 教学刷新評議会 国体明徴問題, 美濃部達吉「天皇機関説」
36	伊 マリア・モンテッソーリ『幼児の秘密』 ソ アントン・マカレンコ『集団主義の教育』
37	教育審議会
38	『国家総動員法』
39	青年学校義務制 名古屋帝国大学
40	大政翼賛会
41	『国民学校令』
43	第2次『師範学校令』『中等学校令』 学徒出陣
44	英『バトラー法』 瑞 アドルフ・ポルトマン『人間はどこまで動物か』
45	仏「ランジュバン・ワロン教育改革案」 『戦時教育令』 国際連合 (UNITED NATIONS) 「新日本建設の教育方針」 修身, 国史, 地理の授業停止 GHQ 「日本教育制度に対する管理政策」 GHQ 「教育に関する四大指令」 『普通選挙法』(成年男女)
46	『日本国憲法』 地理・国史の授業再開 当用漢字・現代仮名遣い 文部省「新教育指針」 「第一次アメリカ教育使節団報告書」 文部省『国のあゆみ』 国際連合教育科学文化機関 (UNESCO) 国連児童基金 (UNICEF)
47	『教育基本法』 『学校教育法』(義務教育9年6・3制) 『学習指導要領 (試案)』 学校給食
48	『教育委員会法』 学制改革 新制高等学校, 新制大学 衆・参議院「教育勅語等排除・失効確認に関する決議」 世界教員組合連盟 (FISE)
49	『教育公務員特例法』 『教育職員免許法』 『社会教育法』

	学制改革　新制大学⇒明治学院大学	64	『森林・林業基本法』
50	『第二次アメリカ教育使節団報告書』 「天野通達」	65	英「ニューサム第2次報告」 仏 ポール・ラングラン『生涯教育について』（ワーキングレポート） 教育審議会 『統一的社会主義教育制度に関する法律』
52	西独 カール・ヤスパース『大学の理念』		
53	池田・ロバートソン会談⇒『教育二法』		
54	『教育公務員特例法』（改正） 『義務教育諸学校における教育の政治的中立の確保に関する臨時措置法』 『学校給食法』 中教審「教育の政治的中立性維持」答申	66	中教審答申「期待される人間像」 UNESCO・ILO「教師の地位に関する勧告」
		67	『公害対策基本法』 英「プラウデン報告」
		68	『消費者基本法』 教頭
55	『原子力基本法』 日本民主党「うれうべき教科書の問題」	70	『障害者基本法』 『交通安全対策基本法』 米 チャールズ・シルバーマン『教室の危機』
56	『地方教育行政の組織及び運営に関する法律』 全国学力・学習状況調査 教育委員会の公選制廃止と任命制	71	中教審答申「教職への人材誘致の見地から優遇措置が必要」との指摘 中教審答申「今後における学校教育の総合的な拡充整備のための基本的施策について」（46答申） 墺 イヴァン・イリイチ『脱学校の社会』 墺 エヴァレット・ライマー『学校は死んでいる』
58	『学校保健法』 『学習指導要領』（改訂）「道徳」特設		
59	英「クラウザー報告」 西独「ラーメンプラン」 西独 オットー・ボルノウ『実存哲学と教育』 仏「ベルトワン改革」 米 スプートニクショック 米「コナント報告」 米 ブルーナー⇒ウッズ・ホール会議 伊勢湾台風	73	東京教育大学→筑波大学 第1次オイルショック ソ『国民教育基本法』 加 カール・ベライター『教育のない学校』
		74	『学校教育の水準の維持向上のための義務教育諸学校の教育職員の人材確保に関する特別措置法』（人材確保法）
		75	専修学校，主任制度
60	ユネスコ「カラチ・プラン」 米 ジェローム・ブルーナー『教育の過程』 仏 フィリップ・アリエス『〈子供〉の誕生』	76	英 総合制学校
		78	新構想大学（兵庫，上越教育大学） 「教育上特別な取扱いを要する児童・生徒の教育措置について」（通達）
61	『農業基本法』 『災害対策基本法』 『学校教育法』（改正） 高等専門学校	79	養護学校義務化 第2次オイルショック
		83	米 合衆国連邦報告書「危機に立つ国家」
62	アブラハム・マズロー『完全なる人間』	84	中曽根内閣⇒臨時教育審議会（～1987）
63	『中小企業基本法』 『観光基本法』 『義務教育諸学校の教科用図書の無償措置に関する法律』 英「ニューサム報告」 英「ロビンズ報告」 西独 ハインリッヒ・ロート⇒教育的人間学 西独 オットー・フリードリッヒ・ボルノー『言語と教育』 第1回アジア教育計画会議	85	UNESCO「学習権宣言」 「児童生徒の問題行動に関する検討会議緊急提言――いじめの問題の解決のためのアピール」

年	事項	年	事項
	「児童生徒の問題行動に関する指導の徹底について」		英 アリソン・ジェイムズ，クリス・ジェンクス，アラン・プラウト『子ども理論化』
86	中野富士見中学いじめ事件 ソ チェルノブイリ原子力発電所事故 独 ウルリッヒ・ベック『危険社会』 臨教審「教育改革に開する第2次答申」 バブル景気（〜1991）	99	『ものづくり基盤技術振興基本法』 『男女共同参画社会基本法』 『食料・農業・農村基本法』 総合的な学習の時間 情報科 中高一貫校（宮崎・五ヶ瀬中等教育学校） 独 ボローニャ・プロセス
87	臨教審最終答申「教育改革に関する第4次答申」		**2000年代**
88	英『教育改革法』ナショナルカリキュラム，ナショナルテスト	00	『循環型社会形成推進基本法』 『高度情報通信ネットワーク社会形成基本法』 小渕内閣⇒教育改革国民会議 「教育改革国民会議報告（教育を変える17の提案）」 学校選択制（東京・品川区） 独 PISAショック
89	『土地基本法』 生活科，地理歴史科，公民科 UNESCO『子どもの権利条約』採択		
90	神戸高塚高校校門圧死事件		
91	大学設置基準（改正）		
92	学校週五日制（月1回，第2土曜日）		
93	『環境基本法』	01	『水産基本法』 『文化芸術振興基本法』 中央教育審議会「21世紀教育新生プラン」 特別支援教育 英 教育白書『すべての子どもたちにを成功導く学校』
94	『子どもの権利条約』批准 愛知・大河内清輝君いじめ自殺事件 いじめ対策緊急会議		
95	阪神・淡路大震災 『高齢社会対策基本法』 『科学技術基本法』 学校週五日制（月2回）	02	『エネルギー政策基本法』 『知的財産基本法』 文部科学省『学びのすすめ』 学校週五日制（完全実施）
96	文相「緊急アピール〜かけがえのない子どもの命を守るために〜」 文部省⇒いじめ対策本部 PISAショック 英『学校監査法』 独 TIMSSショック	03	『食品安全基本法』 『少子化社会対策基本法』 『国立大学法人法』 『独立行政法人国立高等専門学校機構法』 小泉内閣⇒教育特区
97	中教審答申　学校五日制 神戸連続児童殺傷事件 英 教育白書『学校に卓越さを』	04	『犯罪被害者等基本法』 『学校教育法』（改正⇒栄養教諭） 英『教育5ヵ年計画』
		05	『食育基本法』 安倍内閣⇒教育再生会議
98	『中央省庁等改革基本法』 『学校教育法』（改正⇒中等教育学校） 『学習指導要領』（改訂⇒総合的な学習の時間，情報） 青少年によるナイフ等を使用した事件に関する文部大臣緊急アピールについて 介護等体験 学校選択制（三重県紀宝町） 英『クリック・レポート』	06	『住生活基本法』 『自殺対策基本法』 『がん対策基本法』 『観光立国推進基本法』 『教育基本法』（改正） 市民科（東京・品川区）

	福岡中2いじめ自殺事件 新潟県神林村男子中学生自殺事件 「いじめ問題への取組の徹底について」 必履修科目世界史の未履修問題 中教審答申「今後の教員養成・免許制度のあり方について」	13	『いじめ防止対策推進法』 『子どもの貧困対策の推進に関する法律』 体罰の禁止及び児童生徒理解に基づく指導の徹底について（通知） 教職実践演習（四年制大学） 第2期教育振興基本計画 安倍内閣⇒教育再生実行会議 自民党⇒教育再生実行本部 文部科学省『全国学力・学習状況調査の結果公表の取扱いに関するアンケート』
07	『学校教育法』（改正） 『教育職員免許法』（改正） 『教育公務員特例法』（改正） 『海洋基本法』 『地理空間情報活用推進基本法』 『少年法』（改正） 『いじめ問題に関する取組事例集』 「24時間いじめ相談ダイヤル」 全国学力・学習状況調査 滝川高校いじめ自殺事件	14	文部科学省「性同一性障害の子どもの全国調査」（結果公表） OECD「国際教員指導環境調査（TALIS）」（結果発表） 文部科学省「平成26年度全国学力・学習状況調査」（結果公表） 中教審答申「道徳の教科化」 『地方教育行政の組織及び運営に関する法律』（改正，教育委員会制度の変更） 『子ども・子育て支援法及び就学前の子どもに関する教育，保育等の総合的な提供の推進に関する法律の一部を改正する法律の施行に伴う関係法律の整備等に関する法律』 『子ども・子育て支援法』 『児童福祉法』（改正）
08	『宇宙基本法』 『生物多様性基本法』 『国家公務員制度改革基本法』 第1期教育振興基本計画 教職大学院 副校長，副園長，主幹教諭 文部科学省「児童生徒が利用する携帯電話等をめぐる問題への取組の徹底について」（通知） 『「ネット上のいじめ」に関する対応マニュアル・事例集』 リーマンショック	15	文部科学省「公立小学校教職員の業務実態調査」（結果講評） 『公職選挙法』（改正，選挙年齢引き下げ） 『学校教育法』（改正，小中一貫校） 教育委員会制度 文部科学省「国立大学法人などの組織及び業務全般の見直しについて」（通知） チーム学校
09	『公共サービス基本法』 『バイオマス活用推進基本法』 『肝炎対策基本法』 『学校保健安全法』 教員免許更新制 文部科学省「学校における携帯電話等の取扱い等について」（通知）	16	小中一貫教育を行う新たな学校の種類の制度化
10	土曜授業の再開（東京都） 教職実践演習（短期大学） 桐生市小学生いじめ自殺事件 公立高等学校授業料無償化 『生徒指導提要』	17	独立行政法人教職員支援機構 文部科学省「教職課程コアカリキュラム」 『地方教育行政の組織及び運営に関する法律』一部改正
11	東日本大震災 『東日本大震災復興基本法』 『スポーツ基本法』 大津市中2いじめ自殺事件 チームで対応する力	18	第3期教育振興基本計画 コミュニティースクール 道徳の教科化
12	桜宮高校体罰問題	19	『働き方改革関連法』

法令など

○フランス人権宣言
1789年フランス国民議会

　第1条（自由・権利の平等）　人は，自由，かつ，権利において平等なものとして生まれ，生存する。社会的差別は，共同の利益に基づくものでなければ，設けられない。

　第2条（政治的結合の目的と権利の種類）　すべての政治的結合の目的は，人の，時効によって消滅することのない自然的な諸権利の保全にある。これらの諸権利とは，自由，所有，安全および圧制への抵抗である。

　第3条（国民主権）　すべての主権の淵源は，本質的に国民にある。いかなる団体も，いかなる個人も，国民から明示的に発しない権威を行使することはできない。

　第4条（自由の定義・権利行使の限界）　自由とは，他人を害しないすべてのことをなしうることにある。したがって，各人の自然的諸権利の行使は，社会の他の構成員にこれらと同一の権利の享受を確保すること以外の限界をもたない。これらの限界は，法律によってでなければ定められない。

○學事獎勵ニ關スル被仰出書（學制序文）
1872（明治5）年8月2日　太政官布告第214号

　人々自ラ其身ヲ立テ其産ヲ治メ其業ヲ昌ニシテ以テ其生ヲ遂ル所以ノモノハ他ナシ身ヲ脩メ智ヲ開キ才藝ヲ長スルニヨルナリ而テ其身ヲ脩メ智ヲ開キ才藝ヲ長スルハ學ニアラサレハ能ハス是レ學校ノ設アル所以ニシテ日用常行言語書算ヲ初メ士官農商百工技藝及ヒ法律政治天文醫療等ニ至ル迄凡人ノ營ムトコロノ事學アラサルハナシ……

○教育ニ關スル勅語
1890（明治23）年10月30日

　朕惟フニ我カ皇祖皇宗国ヲ肇ルコト宏遠ニ徳ヲ樹ツルコト深厚ナリ我カ臣民克ク忠ニ克ク孝ニ億兆心ヲ一ニシテ世々厥ノ美ヲ濟セルハ此レ我カ国體ノ精華ニシテ教育ノ淵源亦實ニ此ニ存ス

　爾臣民父母ニ孝ニ兄弟ニ友ニ夫婦相和シ朋友相信シ恭儉己レヲ持シ博愛衆ニ及ホシ學ヲ修メ業ヲ習ヒ以テ智能ヲ啓發シ徳器ヲ成就シ進テ公益ヲ廣メ世務ヲ開キ常ニ國憲ヲ重シ國法ニ遵ヒ一旦緩急アレハ義勇公ニ奉シ以テ天壌無窮ノ皇運ヲ扶翼スヘシ是ノ如キハ獨リ朕カ忠良ノ臣民タルノミナラス又以テ爾祖先ノ遺風ヲ顯彰スルニ足ラン

　斯ノ道ハ實ニ我カ皇祖皇宗ノ遺訓ニシテ子孫臣民ノ倶ニ遵守スヘキ所之ヲ古今ニ通シテ謬ラス之ヲ中外ニ施シテ悖ラス朕爾臣民ト倶ニ拳々服膺シテ咸其徳ヲ一ニセンコトヲ庶幾フ

　　　明治二十三年十月三十日　御名御璽

○帝国大学令
1886（明治19）年3月2日　勅令第3号

　第一条　帝国大学ハ国家ノ須要ニ応スル学術技芸ヲ教授シ及其蘊奥ヲ攷究スルヲ以テ目的トス

○日本国憲法
1946（昭和21）年11月3日公布，1947（昭和22）年5月3日施行

　第一章　　天皇
　第二章　　戦争の放棄
　第三章　　国民の権利及び義務
　第二十六条　すべて国民は，法律の定めるところにより，その能力に応じて，ひとしく教育を受ける権利を有する。2　すべて国民は，法律の定めるところにより，その保護する子女に普通教育を受けさせる義務を負ふ。義務教育は，これを無償とする。
　第四章　　国会
　第五章　　内閣
　第六章　　司法
　第七章　　財政
　第八章　　地方自治
　第九章　　改正
　第十章　　最高法規
　第十一章　補則

○学校教育法
昭和22（1947）年3月31日　法律第26号
平成19（2007）年，平成26（2014）年，一部改正。

　第一章　総則
　第一条　この法律で，学校とは，幼稚園，小学校，中学校，高等学校，中等教育学校，特別支援学校，大学及び高等専門学校とする。
　第二章　義務教育

第三章　幼稚園
　　第四章　小学校
　　第五章　中学校
　　第六章　高等学校
　　第七章　中等教育学校
　　第八章　特別支援教育
　　第九章　大学
　　第十章　高等専門学校
　　第十一章　専修学校
　　第十二章　雑則
　　第十三章　罰則
　　附則

○国家公務員法

1947（昭和22）年10月21日　法律第120号
　　第一章　総則
　　（この法律の目的及び効力）第一条　この法律は，国家公務員たる職員について適用すべき各般の根本基準（職員の福祉及び利益を保護するための適切な措置を含む。）を確立し，職員がその職務の遂行に当り，最大の能率を発揮し得るように，民主的な方法で，選択され，且つ，指導さるべきことを定め，以て国民に対し，公務の民主的且つ能率的な運営を保障することを目的とする。
　　第二章　中央人事行政機関
　　第三章　職員に適用される基準
　　第四章　罰則
　　附則

○世界人権宣言

1948（昭和23）年12月10日採択
　　前文
　　……国際連合総会は，社会の各個人及び各機関が，この世界人権宣言を常に念頭に置きながら，加盟国自身の人民の間にも，また，加盟国の管轄下にある地域の人民の間にも，これらの権利と自由との尊重を指導及び教育によって促進すること並びにそれらの普遍的かつ効果的な承認と遵守とを国内的及び国際的な漸進的措置によって確保することに努力するように，すべての人民とすべての国とが達成すべき共通の基準として，この世界人権宣言を公布する。

○教育公務員特例法

1949（昭和24）年1月12日　法律第1号
2014（平成26）年，一部改正
　　第一章　総則
　　（この法律の趣旨）第一条　この法律は，教育を通じて国民全体に奉仕する教育公務員の職務とその責任の特殊性に基づき，教育公務員の任免，給与，分限，懲戒，服務及び研修等について規定する。
　　第二章　任免，給与，分限及び懲戒
　　第三章　服務
　　第四章　研修
　　第五章　大学院修学休業
　　第六章　職員団体
　　第七章　教育公務員に準ずる者に関する特例

○教育職員免許法

1949（昭和24）年5月31日　法律第147号
2012（平成24）年，一部改正
　　第一章　総則
　　（この法律の目的）第一条　この法律は，教育職員の免許に関する基準を定め，教育職員の資質の保持と向上を図ることを目的とする。
　　第二章　免許状
　　第三章　免許状の失効及び取上げ
　　第四章　雑則
　　第五章　罰則
　　附則

○地方公務員法

1950（昭和25）年12月13日　法律第261号
　　第一章　総則
　　（この法律の目的）第一条　この法律は，地方公共団体の人事機関並びに地方公務員の任用，職階制，給与，勤務時間その他の勤務条件，分限及び懲戒，服務，研修及び勤務成績の評定，福祉及び利益の保護並びに団体等人事行政に関する根本基準を確立することにより，地方公共団体の行政の民主的かつ能率的な運営並びに特定地方独立行政法人の事務及び事業の確実な実施を保障し，もつて地方自治の本旨の実現に資することを目的とする。
　　第二章　人事機関
　　第三章　職員に適用される基準
　　第四章　補則

第五章　罰則
附則

○学校教育の水準の維持向上のための義務教育諸学校の教育職員の人材確保に関する特別措置法（人確法）
1974（昭和49）年2月25日　法律第2号
　（目的）第一条　この法律は，学校教育が次代をになう青少年の人間形成の基本をなすものであることにかんがみ，義務教育諸学校の教育職員の給与について特別の措置を定めることにより，すぐれた人材を確保し，もつて学校教育の水準の維持向上に資することを目的とする。

○地方教育行政の組織及び運営に関する法律
1956（昭和31）年6月30日法律第162号
2004（平成16）年，2007（平成19）年，2014（平成26）年，一部改正
　第一章　総則
　（この法律の趣旨）第一条　この法律は，教育委員会の設置，学校その他の教育機関の職員の身分取扱その他地方公共団体における教育行政の組織及び運営の基本を定めることを目的とする。
　第二章　教育委員会の設置及び組織
　第三章　教育委員会及び地方公共団体の長の職務権限
　第四章　教育機関
　第五章　文部科学大臣及び教育委員会相互間の関係等
　第六章　雑則
　附則

○教員の地位に関する勧告
1966（昭和41）年10月5日　ユネスコ特別政府間会議採択
　前文
　　教員の地位に関する特別政府間会議は，教育を受ける権利が基本的人権の一つであることを想起し，
　　世界人権宣言の第26条，児童の権利宣言の第5原則，第7原則および第10原則および諸国民間の平和，相互の尊重と理解の精神を青少年の間に普及することに関する国連宣言を達成するうえで，すべての者に適正な教育を与えることが国家の責任であることを自覚し，
　　不断の道徳的・文化的進歩および経済的社会的発展に本質的な寄与をなすものとして，役立てうるすべての能力と知性を十分に活用するために，普通教育，技術教育および職業教育をより広範に普及させる必要を認め，
　　教育の進歩における教員の不可欠な役割，ならびに人間の開発および現代社会の発展への彼らの貢献の重要性を認識し，
　　教員がこの役割にふさわしい地位を享受することを保障することに関心を持ち，……
　　教員にとくに関連する諸問題に関した諸規定によって現行諸基準を補足し，また，教員不足の問題を解決したいと願い，
　　以下の勧告を採択した。……

○子どもの権利条約
1989（平成元）年，国連総会採択，1990（平成2）年発効，1994（平成6）年批准
　前文
　　……国際連合が，世界人権宣言において，児童は特別な保護及び援助についての権利を享有することができることを宣明したことを想起し，……
　　児童が，その人格の完全なかつ調和のとれた発達のため，家庭環境の下で幸福，愛情及び理解のある雰囲気の中で成長すべきであることを認め，
　　児童が，社会において個人として生活するため十分な準備が整えられるべきであり，かつ，国際連合憲章において宣明された理想の精神並びに特に平和，尊厳，寛容，自由，平等及び連帯の精神に従って育てられるべきであることを考慮し，
　　極めて困難な条件の下で生活している児童が世界のすべての国に存在すること，また，このような児童が特別の配慮を必要としていることを認め，
　　児童の保護及び調和のとれた発達のために各人民の伝統及び文化的価値が有する重要性を十分に考慮し，
　　あらゆる国特に開発途上国における児童の生活条件を改善するために国際協力が重要であることを認めて，
　　次のとおり協定した。

第1条　この条約の適用上，児童とは，18歳未満のすべての者をいう。ただし，当該児童で，その者に適用される法律によりより早く成年に達したものを除く。
第2条1　締約国は，その管轄の下にある児童に対し，児童又はその父母若しくは法定保護者の人種，皮膚の色，性，言語，宗教，政治的意見その他の意見，国民的，種族的若しくは社会的出身，財産，心身障害，出生又は他の地位にかかわらず，いかなる差別もなしにこの条約に定める権利を尊重し，及び確保する。
第6条1　締約国は，すべての児童が生命に対する固有の権利を有することを認める。2 締約国は，児童の生存及び発達を可能な最大限の範囲において確保する。
第12条1　締約国は，自己の意見を形成する能力のある児童がその児童に影響を及ぼすすべての事項について自由に自己の意見を表明する権利を確保する。この場合において，児童の意見は，その児童の年齢及び成熟度に従って相応に考慮されるものとする。2　このため，児童は，特に，自己に影響を及ぼすあらゆる司法上及び行政上の手続において，国内法の手続規則に合致する方法により直接に又は代理人若しくは適当な団体を通じて聴取される機会を与えられる。

○教育基本法
2006（平成18）年12月22日　法律第120号
　我々日本国民は，たゆまぬ努力によって築いてきた民主的で文化的な国家を更に発展させるとともに，世界の平和と人類の福祉の向上に貢献することを願うものである。
　我々は，この理想を実現するため，個人の尊厳を重んじ，真理と正義を希求し，公共の精神を尊び，豊かな人間性と創造性を備えた人間の育成を期するとともに，伝統を継承し，新しい文化の創造を目指す教育を推進する。
　ここに，我々は，日本国憲法の精神にのっとり，我が国の未来を切り拓く教育の基本を確立し，その振興を図るため，この法律を制定する。
第一章　教育の目的及び理念
（教育の目的）第一条　教育は，人格の完成を目指し，平和で民主的な国家及び社会の形成者として必要な資質を備えた心身ともに健康な国民の育成を期して行われなければならない。
（教育の目標）第二条　教育は，その目的を実現するため，学問の自由を尊重しつつ，次に掲げる目標を達成するよう行われるものとする。
一　幅広い知識と教養を身に付け，真理を求める態度を養い，豊かな情操と道徳心を培うとともに，健やかな身体を養うこと。
二　個人の価値を尊重して，その能力を伸ばし，創造性を培い，自主及び自律の精神を養うとともに，職業及び生活との関連を重視し，勤労を重んずる態度を養うこと。
三　正義と責任，男女の平等，自他の敬愛と協力を重んずるとともに，公共の精神に基づき，主体的に社会の形成に参画し，その発展に寄与する態度を養うこと。
四　生命を尊び，自然を大切にし，環境の保全に寄与する態度を養うこと。
五　伝統と文化を尊重し，それらをはぐくんできた我が国と郷土を愛するとともに，他国を尊重し，国際社会の平和と発展に寄与する態度を養うこと。
（生涯学習の理念）第三条　国民一人一人が，自己の人格を磨き，豊かな人生を送ることができるよう，その生涯にわたって，あらゆる機会に，あらゆる場所において学習することができ，その成果を適切に生かすことのできる社会の実現が図られなければならない。
（教育の機会均等）第四条　すべて国民は，ひとしく，その能力に応じた教育を受ける機会を与えられなければならず，人種，信条，性別，社会的身分，経済的地位又は門地によって，教育上差別されない。2　国及び地方公共団体は，障害のある者が，その障害の状態に応じ，十分な教育を受けられるよう，教育上必要な支援を講じなければならない。3　国及び地方公共団体は，能力があるにもかかわらず，経済的理由によって修学が困難な者に対して，奨学の措置を講じなければならない。
第二章　教育の実施に関する基本
（義務教育）第五条　国民は，その保護する子に，別に法律で定めるところにより，普通教育を受けさせる義務を負う。2　義務教育として行われる普通教育は，各個人の有する能力を伸ばしつつ社会において自立的に生きる基礎を培い，また，国家及び社会の形成者として必要とされる基本的な資質を養うことを目的として

行われるものとする。3 国及び地方公共団体は，義務教育の機会を保障し，その水準を確保するため，適切な役割分担及び相互の協力の下，その実施に責任を負う。4 国又は地方公共団体の設置する学校における義務教育については，授業料を徴収しない。

(学校教育) 第六条 法律に定める学校は，公の性質を有するものであって，国，地方公共団体及び法律に定める法人のみが，これを設置することができる。2 前項の学校においては，教育の目標が達成されるよう，教育を受ける者の心身の発達に応じて，体系的な教育が組織的に行われなければならない。この場合において，教育を受ける者が，学校生活を営む上で必要な規律を重んずるとともに，自ら進んで学習に取り組む意欲を高めることを重視して行われなければならない。

(大学) 第七条 大学は，学術の中心として，高い教養と専門的能力を培うとともに，深く真理を探究して新たな知見を創造し，これらの成果を広く社会に提供することにより，社会の発展に寄与するものとする。2 大学については，自主性，自律性その他の大学における教育及び研究の特性が尊重されなければならない。

(私立学校) 第八条 私立学校の有する公の性質及び学校教育において果たす重要な役割にかんがみ，国及び地方公共団体は，その自主性を尊重しつつ，助成その他の適当な方法によって私立学校教育の振興に努めなければならない。

(教員) 第九条 法律に定める学校の教員は，自己の崇高な使命を深く自覚し，絶えず研究と修養に励み，その職責の遂行に努めなければならない。2 前項の教員については，その使命と職責の重要性にかんがみ，その身分は尊重され，待遇の適正が期せられるとともに，養成と研修の充実が図られなければならない。

(家庭教育) 第十条 父母その他の保護者は，子の教育について第一義的責任を有するものであって，生活のために必要な習慣を身に付けさせるとともに，自立心を育成し，心身の調和のとれた発達を図るよう努めるものとする。2 国及び地方公共団体は，家庭教育の自主性を尊重しつつ，保護者に対する学習の機会及び情報の提供その他の家庭教育を支援するために必要な施策を講ずるよう努めなければならない。

(幼児期の教育) 第十一条 幼児期の教育は，生涯にわたる人格形成の基礎を培う重要なものであることにかんがみ，国及び地方公共団体は，幼児の健やかな成長に資する良好な環境の整備その他適当な方法によって，その振興に努めなければならない。

(社会教育) 第十二条 個人の要望や社会の要請にこたえ，社会において行われる教育は，国及び地方公共団体によって奨励されなければならない。2 国及び地方公共団体は，図書館，博物館，公民館その他の社会教育施設の設置，学校の施設の利用，学習の機会及び情報の提供その他の適当な方法によって社会教育の振興に努めなければならない。

(学校，家庭及び地域住民等の相互の連携協力) 第十三条 学校，家庭及び地域住民その他の関係者は，教育におけるそれぞれの役割と責任を自覚するとともに，相互の連携及び協力に努めるものとする。

(政治教育) 第十四条 良識ある公民として必要な政治的教養は，教育上尊重されなければならない。2 法律に定める学校は，特定の政党を支持し，又はこれに反対するための政治教育その他政治的活動をしてはならない。

(宗教教育) 第十五条 宗教に関する寛容の態度，宗教に関する一般的な教養及び宗教の社会生活における地位は，教育上尊重されなければならない。2 国及び地方公共団体が設置する学校は，特定の宗教のための宗教教育その他宗教的活動をしてはならない。

第三章 教育行政

(教育行政) 第十六条 教育は，不当な支配に服することなく，この法律及び他の法律の定めるところにより行われるべきものであり，教育行政は，国と地方公共団体との適切な役割分担及び相互の協力の下，公正かつ適正に行われなければならない。2 国は，全国的な教育の機会均等と教育水準の維持向上を図るため，教育に関する施策を総合的に策定し，実施しなければならない。3 地方公共団体は，その地域における教育の振興を図るため，その実情に応じた教育に関する施策を策定し，実施しなければならない。4 国及び地方公共団体は，教育が円滑かつ継続的に実施されるよう，必要な財政上の措置を講じなければならない。

（教育振興基本計画）第十七条　政府は，教育の振興に関する施策の総合的かつ計画的な推進を図るため，教育の振興に関する施策についての基本的な方針及び講ずべき施策その他必要な事項について，基本的な計画を定め，これを国会に報告するとともに，公表しなければならない。2　地方公共団体は，前項の計画を参酌し，その地域の実情に応じ，当該地方公共団体における教育の振興のための施策に関する基本的な計画を定めるよう努めなければならない。

第四章　法令の制定

第十八条　この法律に規定する諸条項を実施するため，必要な法令が制定されなければならない。

附則抄

（施行期日）1　この法律は，公布の日から施行する。

その他

〇**学習指導要領**
（国立教育政策研究所）
http://www.nier.go.jp/guideline/

〇**中央教育審議会答申一覧**
http://www.mext.go.jp/b_menu/shingi/toushin.htm

〇**我が国及び諸外国の学制**
http://www.kantei.go.jp/jp/singi/kyouikusaisei/dai14/siryou2.pdf

〇**教育（総務省統計局）**
学校教育概況，学校数，教員数，在学者数，教員数，卒業後の状況，進学率，就職率，1人当たり学習費など
http://www.stat.go.jp/data/nihon/22.htm
（2018年12月11日アクセス）

学習指導案

社会科学習指導案　　　　　　　　　　　　　指導教諭 ○○○○　　教育実習生 ○○○○

1　学校名　　○○中学校　　　　　　　　　6　単元計画　5時間
2　日時　　　2016年6月10日　　　　　　　　①近代革命の時代 ……… （3時間）
3　学級　　　2年1組　　　　　　　　　　　②産業革命と欧米諸国 …… （1時間）
4　教科書　　『中学校社会科歴史的分野』　　③ヨーロッパのアジア侵略 ‥ （2時間）
　　　　　　　○○出版社　　　　　　　　　　④開国と不平等条約 …… （2時間）本時（1/2）
5　単元名　　『幕末の日本』　　　　　　　　⑤江戸幕府の滅亡 ……… （2時間）
7　単元目標
①欧米諸国が市民革命を通じ，近代国家を形成していった過程を理解する。
②産業革命を経て，経済の仕組みや社会が大きく変化したことを理解する。
③ヨーロッパの国々が工業製品の市場や原料の供給地を求め，アジア侵略を進めた過程を理解する。
④ペリー来航から日米修好通商条約の締結に至る過程を調べ，開国の世界史的な意義を考える。
⑤江戸幕府滅亡の経緯を理解する。
8　本時の目標
（興味・関心）開国に至る経緯に関心を持つ。
（思考・判断）開国前夜の老中や大名の苦悩を理解する。開国することのメリット，デメリットを考える。
（知識・理解）日米和親条約の締結により，鎖国が終わったことを理解する。
（技　能）開国前夜の諸外国の動きを地図や表を活用して理解する。
9　指導過程

段階	学習内容	学習活動	指導上の留意点
導入	ペリーの人物像	ペリーの肖像画に興味を持つ。	ペリーの肖像画をいくつか見せる。肖像画には見慣れない肖像画もいれておく。人物が分かったところで何をした人かを尋ねる。
		開国に至った経緯に興味を持つ。	黒船の絵を見せる。開国に至るまでに様々な経緯があったことを知らせる。
展開	ペリーの来航	ペリーが開国を求め，来航したことを理解する。	浦賀を確認し，プリントの白地図に記入させる。フィルモア大統領の国書を紹介する。
	幕府の対応	開国要求に対する幕府の対応について理解する。	幕府は開国を迫られ，大名の意見を聞いたことを伝える。大名の意見を聞くことが，異例のことであることも指摘する。
		意見（開国すべき，開国すべきでない）とその理由を発表する	当時の大名になりきって，その意見と理由を考えさせる。
			開国に対する各藩の賛否の表を見せ，反対派が多かったことを確認させる。
		幕府が開国を決断したことを理解する。	開国反対派が多かったのに，なぜ老中・阿部正弘は開国を決断したのかを考えさせる。
	日米和親条約の締結	ペリーが再度来航したことを理解する。日米和親条約の内容を理解する。 ①下田と函館2港を開港。 ②アメリカ船に食糧・水・石炭を供給。	白地図を活用しながら，日米和親条約の内容を確認させる。日米和親条約によって日本の鎖国は終わったが，貿易はまだ始まっていないことに注意を促す。
終結	本時のまとめ	ペリーの来航の背景を考える。	来航から条約締結までの流れから，ペリーが日本に対してこれからどのように働きかけるかを考えさせる。

Teaching Plan   Name：○○○○ Adviser：○○○○

1 Date   2016/06/10 3rd period（10:30 ～ 11:15）
2 Class   1-4（40 students）○○ High School
3 Materials   CROWN EnglishSeries（1）New Edition
                Unit：Lesson 2 "When I Was Sixteen", Section3・4（pp.26-27）
4 Aim   ① To have the students understand what Hoshino Michio learned through his Journey. ② To have the students understand the grammatical expressions like the present perfect tense, gerund and infinitive.
5 Teaching Allotment   1st period：（section 1）   p.23
  of the Material   2nd period：（section 1・2）   pp.23-24
                       3rd period：（section 2）   pp.24-25
                       4th period：（section 3）   p.26
                       5th period：（section 3・4）   pp.26-27   Today's class
                       6th period：（section 4）   pp.27-28
6 Aim of the period   ① To have the students understand what Hoshino Michio learned through his journey. ② To have the students understand new words, phrases, and grammatical expressions. ③ To have the students understand the contents of this section.
7 Teaching Procedure

Procedure	Teacher's Activity	Student's Activities	Teaching Point
Introduction 1）Greeting	Greets	Greet	
2）Review	Quick Response（QR） Has the students listen to the CD. Asks the students some questions in English about previous content.	Quick Response（QR） Listen to the CD. Answer the questions in English.	When the teacher speaks English, use it as easy words as possible.
Reading：Section 3 1）Reading and explanation	Has a student read the sentence and asks him or her about the content. Then, the teacher writes some important points on a blackboard.	Try to understand the content paying attention to some important points. And, take notes of the explanations.	Write beautiful characters on a blackboard.
2）Chorus reading	Has the students read the sentences which they learned.	Repeat the sentences after the teacher said.	
Reading：Section 4 1）New words	Pronounces new words and has the students repeat twice.	Pronounce new words after the teacher.	Pronounce the words correctly.
2）Listening	Has the students listen to the CD.	Listen to the CD.	
3）Reading and explanation	The same as the above.	The same as the above.	
4）Chorus reading	The same as the above.	The same as the above.	
Consolidation 1）Review	Asks the students some questions in English about today's content. Confirms about what the student will do next class.	Answer the questions in English. Listen to the teacher carefully.	

索　引

あ行

愛国心　35, 40
ICT 機器　121, 123, 127, 131
青空教室　32
アクティブ・ラーニング　55
安倍晋三　36
アマラとカマラ　11
アメリカ教育使節団　31, 76
アリエス，P.　87
安全管理　148
安全教育　148
安全マップ　149, 158
家制度　15
生きる力　53, 122
「生きる力」をはぐくむ学校での安全教育　148
池田・ロバートソン会談　20, 32
池田小学校　147, 151, 158
池田小事件　148
いじめ　97, 135
　——の重大事態の調査に関するガイドライン　102
　——の定義　101, 106
　——の低年齢化　97, 102
　——の防止等のための基本的な方針　102
　——の4層構造　104, 105
いじめ防止対策推進法　101, 103
1 単位時間　65
一斉学習　123, 126
一方通行の授業　109
異文化理解　168, 171
e ラーニング　68

インクルーシブ教育システム　56
隠者の夕暮れ　85
内なる国際化　162
内村鑑三　16
うれうべき教科書の問題　32
運動部活動での指導ガイドライン　86
エビデンス・ベイスト　155
エビペン®　151
オープン・スクール　51
オープンスペース型　66
オルタナティヴ・スクール　51
オールドカマー　164

か行

外国につながる子ども　161, 162, 163
回避症状　151
開放制教師教育　5, 76
過覚醒症状　151
学習活動　118
学習指導案　115, 118
学習指導要領　15, 20, 32, 43, 47, 65, 110, 127, 153, 155
学習指導要領一般編（試案）　49
学習者用 PC　125, 126, 129
学制　20
学力の3要素　55
学期　65
学校安全　6, 147
学校安全計画　150
学校安全の推進に関する計画　148
学校いじめ防止基本方針　102
学校運営協議会　141, 143
学校教育法　37, 41, 48, 49, 63, 64, 67, 71, 72, 126

——施行規則　48, 50, 66, 168
学校支援地域協働本部　141
学校事故対応に関する指針　151
学校週5日制　53, 65
学校選択　67
学校の危機管理マニュアル作成の手引き　151
学校保健　158
学校保健安全法　148
課程認定　5
カリキュラム・マネージメント　54
過労死ライン　175
川井訓導事件　29
カント, I.　11
危機管理　150
キーコンピテンシー　122
規制緩和　62
期待される人間像　33
義務教育学校　63
義務教育として行われる普通教育　40, 41
義務標準法　51
ギャングエイジ　94
急性ストレス障害　151
教育改革国民会議　36
教育課程審議会答申　52
教育課程特例校　63
教育機会確保法　49
教育機器　121, 125
教育期待　53
教育基本法　25, 35, 36, 40, 49, 72, 140
教育公務員特例法　72, 78
教育職員免許法　71
教育審議会　31
教育勅語　16, 26
教育的ニーズ　138
教育塔　30

教育特区　62
教育二法　32
教育の現代化　51
教育の情報化　122, 123, 124
教育の制度化　24
教育の世俗化　23, 25
教育の目的　35, 37, 38
教育の目標　37, 38
教員　71
教員採用試験　180
教員免許更新制　80
教学刷新評議会　31
教学聖旨　16, 26
教学大旨　26
教師　71
教師像　73
教室の国際化　163, 166
教師は5者たれ　182
教授書　120
教職課程　2, 5, 76
教職課程コアカリキュラム　76
教職大学院　79
協働学習　123, 126, 130
教諭　71
近代公教育　19
銀の匙　91
勤務評定　32
経験主義　15
系統主義　26, 33
謙　19
公共の精神　40, 42
高校三原則　67
交通安全　135, 148
交通安全教室　149
高等師範学校　76
告示　48
国体明徴運動　30

国民学校　31
国民精神作興ニ関スル詔書　29
国民道徳作興　27
55年体制　25
御真影　30
個人の価値　36, 40
個人の尊厳　36, 40
個性重視の原則　35, 62
国家公務員法　72
国家総動員法　31
国家賠償法　153
子ども期　87
子ども子育て支援新制度　155
子どもの権利条約　95
子どもの誕生　87
子ども母語教室　169
個の形成としての教育　13
個別学習　123, 126
コミュニティ・スクール　143, 144
コメニウス, J. A.　27
個を相対化する教育　18
コンドルセ　20

さ行

災害安全　148
再体験症状　151
佐藤学　73
サポート校　68
志賀重昂　17
識字教育　23
自己保存　12
資質・能力　54
指導上の留意点　118
指導力不足教員　79
師範学校　76
師範学校令　24
下村博文　54

社会化　12, 94
週刊少年ジャンプ　90
宗教教育　25
宗教知識教育　15
宗教を考える教育　15
集団と自己の自己保存としての教育　12
集団の自己保存としての教育　24
集団を相対化するものとしての教育
　　15
10年経験者研修　79
授業記録　117
授業書　120
主体的・対話的で深い学び　55, 123,
　　127
出入国管理及び難民認定法　163
小1プロブレム　64
小中一貫教育　63
小中連携教育　63
情報活用能力　122, 124
初任者研修　79
人確法　73
新学力観　52
スクール　23
スクールカウンセラー　136, 140, 157
スクールガード　158
スクールソーシャルワーカー　136,
　　140
スプートニクショック　33
スミス, A.　20
スローリーディング　91
生活安全　148
政治と教育のコンフリクト　23
生徒指導　177
生徒指導提要　102
生徒理解　177, 181
生理的早産　11
戦後教育改革の流れ　2, 3

全国一斉学力テスト　32
全国学力・学習調査　48
先生　62, 71
前文　44, 48, 55
専門学校　29
専門教育　42
総則　43, 52, 124
双方向の授業　109

た行

体育　24
大学令　29
大綱的な基準　48
大正自由教育　27
大正デモクラシー　27
体罰　85, 95, 147
田中正造　16
多忙な教師像　175, 182
男子普通選挙法　27
治安維持法　27
地域学校協働活動　141, 142
地域学校協働活動推進員　142
地域学校協働本部　142
地域とともにある学校　141
地域に開かれた学校　140, 156
知識基盤社会　53, 122
知識の構造　113
地方いじめ防止基本方針　102
地方教育行政の組織及び運営に関する法律　49, 67
地方公務員法　72
チーム（としての）学校　6, 140, 157, 179
チャイルド・デス・レビュー　156
中1ギャップ　63, 97, 102
中高一貫教育　64
中等教育学校　64

中央教育審議会答申　2, 5, 51, 140
超スマート社会＝Society 5.0　57
通学区域　61, 66
通信制高校　68
出会い系サイト規制法　89
帝国大学　29
帝国大学令　17
デジタル教科書　125, 126
でもしか先生　77
デューイ，J.　50
デュルケム，É.　12
電子黒板　124, 129, 131
天皇機関説　30
天皇制　16, 25
等級制　60
特別教室　61
特別支援教育　135
　　──コーディネーター　136
特別の教育課程　168
戸倉事件　28
飛び級　60
飛び入学　64
取り出し授業　168

な行

中勘助　91
中曽根康弘　29, 35
仲間集団　94
夏目漱石　14
日本学校安全会　147
日本国憲法　48
日本語指導　135, 164
日本スポーツ振興センター　147, 150
日本PTA全国協議会　137
ニューカマー　163
ネットいじめ　106
ネット世界　88

年齢主義　60, 62

は行

ハイタレントマンパワー　33
橋本武　91
発問の系列　113
ピアジェ, J.　94
PTSD　151
東日本大震災　148, 150, 163
部活動　152
ブラック職場　175
フリースクール　67
フリードリッヒ大王　20
ブルーナー, J.　51
プログラミング　13, 55
ペスタロッチ, J. H.　85
ベック, U.　57
ヘルバルト, J. F.　27
奉安殿　30
放課後子供教室　140, 142, 145
法定研修　78
防犯カメラ　149, 153, 154
防犯教室　149
戊申詔書　27
ポストマン, N.　88

ポルトマン, A.　11

ま行

マッカーサー, D.　20, 31
見方・考え方　56
美濃部達吉　30
モジュラー・スケジューリング　66
森有礼　20

や行

夜間中学校　31
ゆとり教育　51, 52
幼保小一貫教育　64
吉田茂　50
読み書き（計算）能力　19, 23, 24, 88, 92

ら行

落第　60
陸軍現役将校学校配属令　30
留年　68
臨時教育会議　29
臨時教育審議会（臨教審）　29, 33, 35, 51, 62, 66
ルソー, J.J.　20

編著者紹介

望月　重信（もちづき　しげのぶ）

明治学院大学名誉教授
1943 年　　東京都出身
1976 年　　東京教育大学大学院教育学研究科博士課程単位取得満期退学
主要著書　　『教師学と私』（編著）学文社，2003 年
　　　　　　『子ども社会学への招待』（編著）ハーベスト社，2012 年

播本　秀史（はりもと　ひでし）

明治学院大学文学部教授
1951 年　　徳島県出身
1995 年　　立教大学大学院文学研究科教育学専攻博士課程後期課程満期退学
主要著書　　『教師学と私』（共著）学文社，2003 年
　　　　　　『道徳教育のすすめ』ヴェリタス書房，2015 年

岡明　秀忠（おかみょう　ひでただ）

明治学院大学文学部教授
1964 年　　広島県出身
1993 年　　広島大学大学院教育学研究科教科教育学専攻博士課程後期単位取得満期退学
主要著書　　『教師学と私』（共著）学文社，2003 年
　　　　　　『社会科教育のルネサンス』（共著）教育情報出版，2018 年

石井　久雄（いしい　ひさお）

明治学院大学文学部教授
1969 年　　奈良県出身
2000 年　　筑波大学大学院博士課程教育学研究科後期課程　単位取得退学
主要著書　　『教育と社会』（共著）学文社，2012 年
　　　　　　『教育社会学』（共著）ミネルヴァ書房，2018 年

日本の教育を捉える──現状と展望

2019年2月25日　第1版第1刷発行

編著者	望月重信 播本秀史 岡明秀忠 石井久雄
発行所	株式会社 学文社
発行者	田中千津子

〒153-0064　東京都目黒区下目黒3-6-1
電話 03(3715)1501（代表）　振替 00130-9-98842
http://www.gakubunsha.com

落丁・乱丁本は，本社にてお取り替えします．
定価は，売上カード，カバーに表示してあります．

印刷／新灯印刷
〈検印省略〉

©2019 Mochizuki Shigenobu, Harimoto Hideshi, Okamyo Hidetada and Ishii Hisao Printed in Japan
ISBN 978-4-7620-2851-9